アクティブに学ぶフランス語文法

伊藤玄吾
亀谷百合佳
Bruno Vannieu

Introduction
この教科書の使い方

いきなり文法規則を与えられて受け身に学ぶよりも、まずは自分でフランス語の文章を観察し、問いに答え、そこから得た気づきを出発点にして学んでいく方が内容を身につけやすいものです。この教科書では、各文法ポイントを次の3ステップで学んでいきます。

1. OBSERVER　観察しよう！：
   短い導入テキストを問いに従って観察し、まずは自分で考える時間をとります。クイズだと思って取り組みましょう。
2. COMPRENDRE　理解しよう！：
   考えた内容に関連する形で、できるだけシンプルに文法事項を学びます。
3. PRATIQUER　練習しよう！：
   多めの練習問題を通して、学んだ文法事項の確認と定着をはかります。

On énonce trop souvent aux étudiants, de but en blanc, des règles de grammaire sorties de nulle part.
Dans ce manuel,
1. on commence par les laisser observer un peu, très simplement, les phénomènes linguistiques, afin d'éveiller leur curiosité.
2. Ensuite, on répond à ce que les étudiants ont remarqué, aux interrogations qui sont nées, en expliquant d'une manière aussi simple que possible.
3. Enfin, on leur fait mettre en pratique ce qu'ils viennent de comprendre à travers de nombreux exercices.

Au total, des classes de grammaires plus actives et plaisantes !

1　 OBSERVER　観察しよう！

まずは、その課で習うポイントについて考える時間を持ちましょう。ここでの目的は与えられた問いに正解することではありません。わからなくてもいいので前もって自分で考えを巡らせておきましょう。それが次の「COMPRENDRE　理解しよう！」で学ぶ文法事項のより深い理解につながります。

I. 不定冠詞と部分冠詞
下の各イラストに当てはまるものを、[不定冠詞 / 部分冠詞] [男性形 / 女性形] のそれぞれから選んで ✓ をつけなさい。

| un poisson | du poisson | une glace | de la glace |
| du yaourt | un yaourt | du pain | un pain |

PLUS
 ウェブサイトを活用しよう！

音声トラック
🔊)（音声マーク）がある箇所は、ウェブサイト上で音声を聞くことができます。よく聴いて発音に慣れましょう。mp3ファイルを一括ダウンロードすることもできます。

理解を深めるために
「COMPRENDRE　理解しよう！」の内容は、無理なく学べるよう基本的なものにしぼっています。もっと知りたいときには、ウェブサイトの「理解を深めるために」を参照してください。詳しい説明や補足的な文法事項が掲載されています。

grammaire-francaise.com

2 COMPRENDRE 理解しよう！

「OBSERVER　観察しよう！」の問いに対する答え合わせと解説という形で、文法事項を学びます。図表とともに、シンプルに文法的な要点がまとめられています。

3 PRATIQUER 練習しよう！

「PRATIQUER　練習しよう！」には練習問題が多めに用意されています。スポーツなどと同じく、地道に練習の数をこなすことが上達へのカギです。

PLUS

復習問題

追加の練習問題を「復習問題」として教科書の巻末に用意しています。すこし応用的な問題もありますので、ぜひ取り組んでください。
特にその課のまとめとなる「Dictée　書き取り」のテキストには、普通のスピードとゆっくりのスピードの音声が収録されているので、暗記するまで繰り返し聴いて練習しましょう。

Dictée　書き取り

以下に示す例文にはこの課の文法項目が凝縮されています。例文を読み上げた音声ファイルを何度も聴いて自分でもきちんと声を出して読み上げ、書き取る練習を重ねてください。

Paul mange un croissant. Il y a des croissants à la boulangerie.
Le matin, je prends du pain avec de la confiture.
Pierre mange du poisson.
Sophie est végétarienne. Elle ne mange pas de poisson.

Introduction：この教科書の使い方　　**3** • trois

Table des matières
目次

Introduction ……………………………………………… 2

第0課 綴り字と発音のルール ……………………… 6
　Point 1： アルファベ
　Point 2： 綴り字と発音の基本ルール
　Point 3： 単語をつないで発音するルール

第1課 主語人称代名詞と第1群規則動詞（-er 動詞） …… 12
　Point 1： 主語人称代名詞
　Point 2： 第1群規則動詞（-er 動詞）の活用
　　　　　 不定代名詞 on

第2課 不規則動詞 être と avoir、命令形 ………… 18
　Point 1： 不規則動詞 être と avoir の活用
　Point 2： 命令形と授業中の指示表現
　　　　　 不規則動詞 faire の活用　　il y a / il faut / il fait　　数詞

第3課 否定文、「はい・いいえ」で答える疑問文 …… 24
　Point 1： 否定文
　Point 2： 「はい・いいえ」で答える疑問文
　　　　　 第2群規則動詞（-ir 動詞の一部）の活用　　不定詞の語尾が -re の重要動詞

第4課 名詞、品質形容詞 …………………………… 30
　Point 1： 名詞
　Point 2： 品質形容詞
　　　　　 名詞・品質形容詞の特殊な女性形と複数形　　比較級

第5課 指示形容詞と所有形容詞 …………………… 38
　Point 1： 指示形容詞
　Point 2： 所有形容詞
　　　　　 不規則動詞 prendre の活用

第6課 不定冠詞と部分冠詞 ………………………… 44
　Point 1： 不定冠詞と部分冠詞
　Point 2： 否定の de
　　　　　 c'est … , ce sont … と il / elle est … , ils / elles sont … の用法

第7課 定冠詞 ………………………………………… 50
　Point 1： 定冠詞①：対象を特定化して示す用法
　Point 2： 定冠詞②：対象を総称的に示す用法
　　　　　 冠詞の使い分け

第8課 前置詞、近接未来、強勢形人称代名詞 …… 56
　Point 1： 前置詞、不規則動詞 aller と venir
　Point 2： 近接未来
　Point 3： 強勢形人称代名詞
　　　　　 前置詞 à と de：都市名、国名や大陸名　　-oir 動詞（pouvoir, vouloir, devoir）の活用

---

grammaire-francaise.com / QR コードは2ページ

理解を深めるために：

- 母音字のまとめ
- 子音字のまとめ

- 語幹に変化が起こる動詞
- 現在形の広がり

- 単純倒置と複合倒置
- 否定疑問文とその答え方

- 名詞の前に来る形容詞に関する注意事項
- 副詞
- 比較級に関する補足（特殊な比較級、名詞や動詞の比較表現）
- 最上級

- 不定冠詞と部分冠詞の使い分けに関する補足

- 定冠詞の使い方に関する補足

- 様々な前置詞
- 近接未来に関する補足

第9課　疑問詞 64
　Point 1： 疑問詞 où, quand, comment, combien, pourquoi
　Point 2： 疑問詞 qui, que / quoi
　Point 3： 疑問形容詞 quel

第10課　代名動詞 72
　Point 1： 代名動詞の仕組みと用法
　Point 2： 代名動詞の否定形
　Point 3： 代名動詞の命令形
　　　　　不規則動詞 répondre, connaître, voir の活用

第11課　複合過去 78
　Point 1： 複合過去の概要、過去分詞
　Point 2： 複合過去（助動詞 avoir）
　Point 3： 複合過去（助動詞 être）
　Point 4： 複合過去の否定形

第12課　半過去、過去時制の使い分け 86
　Point 1： 半過去
　Point 2： 過去時制の使い分け

第13課　目的補語人称代名詞 91
　Point 1： 目的補語の概要
　Point 2： 直接目的補語人称代名詞
　Point 3： 間接目的補語人称代名詞
　　　　　フランス語の基本文型

第14課　関係代名詞 98
　Point 1： 関係代名詞 qui
　Point 2： 関係代名詞 que
　Point 3： 関係代名詞 où
　　　　　不規則動詞 savoir の活用

第15課　単純未来と条件法現在 104
　Point 1： 単純未来
　Point 2： 条件法現在
　　　　　法（叙法）について

第16課　中性代名詞 en, y 112
　Point 1： 中性代名詞 en
　Point 2： 中性代名詞 y
　　　　　中性代名詞 en, y を用いた慣用句　　曜日、月、季節

第17課　接続法現在 118
　Point 1： 接続法現在の作り方
　Point 2： 接続法現在の用法

復習問題 124

---

web　理解を深めるために：

- 疑問詞 qui, que (quoi) を使う疑問文に関する補足

- 代名動詞のその他の用法

- 複合過去に関する補足（倒置、副詞の位置、性数一致など）

- 複合過去と現在
- 大過去

- 目的補語人称代名詞に関する補足

- 関係代名詞 dont

- 近接未来と単純未来の使い分け
- 前未来
- 条件法過去

- 中性代名詞 en, y に関する補足
- 中性代名詞 le

- 接続法過去

La prononciation

綴り字と発音のルール 0

- アルファベ
- 綴り字と発音の基本ルール
- 単語をつないで発音するルール

フランス語には日本語より多くの母音と子音があり、それらを全てカタカナで正確に表記することはできない。よって、各々の音を自分の耳でしっかりと聞き、実際に自分でも口を動かし、声に出して真似る練習を重ね、フランス語独特の発音の仕方を身に着けていくことが大切である。日本語で話すときに比べ、口をより大きく活発に動かして発音することを心がけよう。

またフランス語の綴り字と発音の関係は一見複雑そうだが、英語の綴り字よりはるかに規則性があるので、ひとつひとつ焦らず着実に学んでいこう。

OBSERVER 観察しよう！

次の単語のフランス語での発音を聞き、下線を引いた部分について同じ綴りの英語の単語の発音やイントネーションとの違いに注意しなさい。

1. image, page, imagination, nation, nature
2. Bible, mine, licence
3. melon, menu
4. justice, muscle, bus
5. relation, station
6. invitation, international, important
7. monument, moment
8. horizon, hôtel
9. chance, change
10. alphabet, Paris, ticket, sport, robot, violet
11. possible, capable, miracle, théâtre

同じ文字を利用していても、英語とフランス語では1つ1つの音の響きも異なるし、イントネーションも異なる。その違いに耳を澄まして、自分でも声に出して少しずつ慣れ親しんでいこう。

また、文字で書かれたフランス語を読む上で大切となるのは、フランス語独自の綴り字と発音の関係に関する基本的なルールを覚えて、正しく発音することである。ルールの数は限られているので、実践を通してじっくり確実に身につけていこう。

それでは、アルファベと綴りの特殊記号からはじめよう！

Point 1 L'alphabet アルファベ

I. アルファベ alphabet

フランス語の表記には以下の26個のラテン文字が使用される。

Aa	Bb	Cc	Dd	Ee	Ff	Gg	Hh	Ii	Jj	Kk	Ll	Mm	Nn
[a]	[be]	[se]	[de]	[ə]	[ɛf]	[ʒe]	[aʃ]	[i]	[ʒi]	[ka]	[ɛl]	[ɛm]	[ɛn]
Oo	Pp	Qq	Rr	Ss	Tt	Uu	Vv	Ww	Xx	Yy	Zz		
[o]	[pe]	[ky]	[ɛr]	[ɛs]	[te]	[y]	[ve]	[dubləve]	[iks]	[igrɛk]	[zɛd]		

PRATIQUER 練習しよう!

A 以下の文字を英語との違いを確認しながらフランス語で発音しなさい。

1. B, C, D, P, T, V
2. O, Q, U
3. E, I
4. G, J
5. L, R
6. V, W
7. Y
8. H

B 自分の名前をローマ字で表記し、1文字ずつフランス語の読み方で発音してみよう。

II. 綴りの特殊記号

フランス語では基本26文字の幾つかに次のような記号をつけて使う場合がある。

´ アクサン・テギュ　accent aigu
（右上がりのアクセント記号）

- 母音字 **e** について [e] の音であることを示す。
  été [ete], café [kafe]

` アクサン・グラーヴ　accent grave
（右下がりのアクセント記号）

- 母音字 **e** につく場合は、[ɛ] の音であることを示す。
  père [pɛr], mère [mɛr], préfère [prefɛr]

- 母音字 **a, u** につく場合は、同音異義語の区別に用いられる。
  a / à [a], ou / où [u]

^ アクサン・シルコンフレクス　accent circonflexe

- 母音字 **e** につく場合は、アクサン・グラーヴと同じく [ɛ] の音であることを示す。
  tête [tɛt], même [mɛm], être [ɛtr]

- 同音異義語の区別に用いられる。
  du / dû [dy]

¨ トレマ　tréma

- 母音字 **e, i, u** につき、直前の母音と切り離して発音されることを示す。
  Haïti [aiti], Noël [nɔɛl]

ç セディーユ　cédille

- 子音字 **c** につき、**a, o, u** の前で **c** が [s] と発音されることを示す。
  ça [sa], leçon [ləsɔ̃], reçu [rəsy]

' アポストロフ　apostrophe

- **e, a, i** の脱落を示す。後の10ページのエリジオンの説明を参照のこと。
  j'ai ← je ai, l'action ← la action, s'il ← si il

- トレ・デュニオン　trait d'union

- 意味上緊密に結びついている単語を結び付ける連結符（ハイフン）。
  les États-Unis, grand-père, après-midi

* 上の3つの記号にはアクサン（アクセント）という名がついているが、単語の強弱アクセントとは関係がないので注意すること。また、これらの記号は大文字の時には省略されることもある。

Point 2 Lecture à voix haute 綴り字と発音の基本ルール

I. 発音しない文字

A 語末の子音字は発音しない

この「語末の子音字は発音しない」というルールはとても簡単なので、すぐに使いこなせるだろう。

Paris, accès, alphabet, ticket, violet, robot

ただし , c, f, l, r に終わる短い単語では発音されることも多いので気をつけよう。

avec [avɛk], neuf [nœf], hôtel [ɔtɛl], avoir [avwar], finir [finir], mer [mɛr]

* 第1課で学ぶ第1群規則動詞の不定詞 -er の最後の子音字 r は発音されない。

penser [pɑ̃se], étudier [etydje]

B 語末の母音字 e は発音しない

語末の e は原則的に発音されない。

France, image, Élise, Marie

C h は発音しない

h はふつう発音されないので、h で始まる語は次の母音から始まるものとして扱われる。

l'hôtel Hilton, l'hôpital

II. 母音の発音

A 母音字の組み合わせとその発音

下のような文字の組み合わせには決まった読み方があるので注意しよう。幾通りもの違う読み方があり得る英語と違い、フランス語では一つの組み合わせには原則として一つの発音しかない。

- oi [wa]：toilette, foie gras, Loire, moi, toi
- ou [u]：soupe, bonjour, mousse, amour
- eu, œu [œ] / [ø]：euro, deux, cœur
- au, eau [o] / [ɔ]：sauce, restaurant, Paul, gâteau, beauté
- ai, ei [ɛ]：café au lait, français, Seine, beige

B 「え」「お」の発音の区別

日本語の母音は「あ、い、う、え、お」の5つだけだが、フランス語にはそれ以上の母音がある。

日本語話者になじみのある母音でも以下のように細かく区別される。

- 「え」については、口の開きを狭くした [e] より口を広めに開いた [ɛ] が区別される。

  [e]：étude, café
  [ɛ]：belle, être, cherche

- 「お」については、口をすぼめて出す [o] より口を開いて出す [ɔ] が区別される。

  [o]：studio, métro, rose
  [ɔ]：portable, colle, alors

C 日本語にない母音とその綴り方

また日本語話者にはなじみのない母音があり、特に以下の音は注意して聞き、自分でも発音できるよう練習を重ねることが大切である。

- 発音記号で [y] と示される音：
  アルファベでは u と書かれる。

  tu, du, jupe

- 発音記号で [ø] および [œ] と示される音：
  アルファベでは eu もしくは œu と綴られる。

  [ø]：euro, deux
  [œ]：cœur

- 綴り字 -il, -ill：
  半母音 [j] として発音される。

  travail, travailler, fille, famille, Bastille

  * ville [vil], village [vilaʒ], mille [mil] などは例外

- 鼻母音：
  口からだけでなく鼻からも息を抜きながら発音する独特の母音である。

  フランス語の鼻母音には3種類ある。

  - [ɑ̃]：[ɑ] より少しだけ口を大きく開き、舌を奥に引いて、鼻からも息を抜きながら発音する。

    étudiant, enfant, chance, ans

  - [ɔ̃]：[ɔ] よりやや口の開きを小さくし、鼻の下を伸ばすイメージで発音する。

    non, ont, finissons

  - [ɛ̃]：[ɛ] よりいくらか口を大きく開き、唇は円くして鼻からも息を抜きながら発音する。

    Chopin, pain, matin

D　鼻母音の綴り方

鼻母音は母音字に n もしくは m を組み合わせて示される。

- [ɑ̃]：an（または am），en（または em）
- [ɔ̃]：on（または om）
- [ɛ̃]：in（または im），ain（または aim），un（または um），ein（または eim）/ ien, yen, éen の末尾

  * un, um の発音は [œ̃]（[œ] の鼻音化した音）と表記されることがあるが、この音は現代フランス語では [ɛ̃] とほとんど区別されない。

  * yn, ym も in, im と同じように発音する。

ただし、母音のあとに n, m が来る場合に全てが鼻母音になるわけではない。以下の場合は鼻母音化しないので注意：

- n, m の直後に他の母音が来る場合

  une, animal, inutile, énervé, inégal

- n や m が連続する場合

  connu, ennemi, innovation, italienne, coréenne, comme

PRATIQUER　練習しよう！

A　下線部の鼻母音の発音に注意して読み上げなさい。

1. France, change, moment, enfant, ensemble, ambition
2. non, bon, mon, chanson
3. vin, simple, jardin, international, important, Chopin, pain, train, américain, faim, peintre, italien, canadien, bien, moyen, lycéen, coréen, un, parfum

B　以下の語群に含まれる「en / an」「on」「in / un / ain / ein / ... ien / ... éen / ... yen」のうち、鼻母音になるものを□で囲んでみよう。一方、鼻母音にならないものには下線を引きなさい。

en / an

étudiant, grand, animé, parents, chance, comment, enfant, animal, anglais, manger, ménage, trente, an, année, analyse

on

non, bon, bonne, Japon, long, donner, mignon, mignonne, économie

in / un / ain / ein / ... ien / ... éen / ... yen

parisien, parisienne, canadien, canadienne, américain, américaine, coréen, coréenne, moyen, moyenne, train, plaine, chien, interdit, pain, bien, un, une, baleine, États-Unis, Chine, Inde, copain, copine, fin, fine

Point 3 · Relier les mots　単語をつないで発音するルール

I. アンシェヌマン　Les enchaînements

OBSERVER
観察しよう！

以下の2つの単語がどのように続いて発音されているかに注目しよう。

avec elle,　une amie,　il a,　elle a,　il aime,　elle aime

2つの単語がつながって1つの音のまとまりとして発音されることを、アンシェヌマンと呼ぶ。これはフランス語らしい音の流れを作り出す重要な特徴であり、聞く上でも、発音する上でも十分に注意して練習を重ねる必要がある。

avec elle,　une amie,　il a,　elle a,　il aime,　elle aime

II. リエゾン　Les liaisons

OBSERVER
観察しよう！

以下の2つの単語がどのように続いて発音されているかに注目しよう。

les étudiants,　des amis,　cet hôtel,　grand appartement

フランス語では通常語末の子音字は発音しないが、2つの単語を続けて発音する場合、前の単語の語末の子音が後ろの単語の冒頭の母音とつながって1つの音のまとまりとして発音されることを、リエゾンと呼ぶ。リエゾンの際、語末の s、x は [z]、d は [t]、f は [v] と発音されることに注意しよう。

アンシェヌマンと同様、リエゾンもフランス語らしい音の流れを作り出す重要な特徴であり、聞く上でも、発音する上でも十分に注意して練習を重ねる必要がある。

les étudiants,　des amis,　cet hôtel,　grand appartement

III. エリジオン　Les élisions

-e で終わる1音節語（je, ne, le, ce, de, que, me, te, se など）、la, si の後に、母音もしくは無音の h で始まる語が続く時、e, a, i が脱落することをエリジオンという。その際、母音の脱落を示すために「'」(apostrophe)をつけて、2つの単語を離さずに綴る。

je	ne	le	ce
je + adore → j'adore	il ne + est pas → il n'est pas	le + ami → l'ami	ce + est → c'est
je + étudie → j'étudie		le + hôtel → l'hôtel	
je + imagine → j'imagine	je ne + habite pas		
je + habite → j'habite	→ je n'habite pas		

la	que	si	de
la + amie → l'amie	que + il → qu'il	si + il → s'il	de + ici → d'ici
la + artiste → l'artiste	que + est-ce que → qu'est-ce que	* si + elle はエリジオンなし：si elle	de + Osaka → d'Osaka

PRATIQUER 練習しよう!

I. アンシェヌマン

A まず以下の2つの語を単独で別々に発音してみよう。

avec / Amélie,　une / étudiante,　il / arrive,
elle / arrive

B 次に、アンシェヌマンの規則にしたがって、上と同じ2つの語をつなげて発音してみよう。

avec‿Amélie,　une‿étudiante,　il‿arrive,　elle‿arrive

II. リエゾン

A まず以下の2つの語を単独で別々に発音してみよう。

des / animaux,　les / Américains,　deux / amis,
grand / esprit,　petit / ami

B 次に、リエゾンの規則にしたがって、上と同じ2つの語をつなげて発音してみよう。

des‿animaux,　les‿Américains,　deux‿amis,
grand‿esprit,　petit‿ami

III. フランス語の挨拶

ここで学んだ発音の基本ルールを確認しながら、次のフランス語の挨拶を1つ1つ発音していこう。

Bonjour !	おはよう!/こんにちは!
Bonsoir !	こんばんは!
Bonne nuit !	おやすみなさい!
Au revoir !	さようなら!
À bientôt !	またね!
Salut !	やあ!/じゃあね!
Monsieur …	あの…(男性への呼びかけ)

＊この語は [məsjø] と発音される

Madame …	あの…(女性への呼びかけ)
Pardon ?	すみません?(もう一度言ってください)
Ça va ?	元気?
Ça va.	元気だよ。

フランスの窓

フランドル地方の都市リール。ベルギーにもほど近く、中世には毛織物業を中心に商工業が栄えた。

南仏の都市マルセイユ。地中海の陽光が眩しく、建物の色もカラフルだ。

アルザス地方の都市ストラスブール。ドイツ国境に隣接し、両国の文化の影響が色濃い。

Les pronoms sujets et les verbes réguliers

主語人称代名詞と第１群規則動詞（-er 動詞）

フランス語の文法の要は動詞とその活用である。フランス語の動詞は、文の中で主語に対応する形に変化（＝活用）する。動詞の活用にはいくつかのパターンがあり、第１課では基本的なものから始め、徐々に体系的に学んでいく。

- 主語人称代名詞
- 第１群規則動詞（-er 動詞）の活用

Point 1　Les pronoms sujets　主語人称代名詞

主語人称代名詞	
je	私
tu	君
il / elle	彼 / 彼女 / それ
nous	私達
vous	あなた / あなた達 / 君達
ils / elles	彼ら / 彼女ら / それら

フランス語の主語人称代名詞には左の８つがある。すべての基本になるのでしっかり覚えよう。

英語と異なり、２人称として tu と vous の２つがあり、使い分けに注意が必要である。

🔍 OBSERVER　観察しよう！

１人の相手に話しかける際には、相手によって tu と vous が使い分けられる。

誰から誰に？	セリフ
子ども → 祖母	Qu'est-ce que tu fais dimanche?
	日曜日は何するの？
祖母 → 子ども	Qu'est-ce que tu fais dimanche?
	日曜日は何するの？
学生 → 先生	Qu'est-ce que vous faites dimanche?
	日曜日は何をなさいますか？
先生 → 学生	Qu'est-ce que vous faites dimanche?
	日曜日は何をするのですか？
学生 → 学生	Qu'est-ce que tu fais dimanche?
	日曜日は何するの？

ここに注目！

上の表を見ながら、セリフの列の tu と vous のそれぞれを □ で囲って、どのように使い分けられているか考えてみよう。

COMPRENDRE　理解しよう！

I. 2人称の tu と vous の使い分け

2人称の単数：tu / vous

フランス語では、相手が1人のときは、vous と tu の2通りの呼び方がある。
（2人称の単数）

- 社会生活で一般的に使われているのは vous である。この単数の意味の vous は、日本語であれば「です・ます調」で話すような相手に使われる。

- 一方 tu は、家族や友達など、日本語であれば敬語や丁寧語を使わない親しい間柄の相手に対して使う。若者同士や学生同士は、お互いによく知らなくても tu を使って会話をする。

- 社会生活では初対面の人と話すときはふつう vous を使い、親しくなったら vous をやめて tu に変える。一度 tu で呼び合うことに決めたら、vous に戻ることはない。

* vous から tu に変えるときには、ふつう「On peut se tutoyer ?（tu で呼び合いませんか？）」と聞く。そう聞かれたら、一般的には「Oui, bien sûr !（はい、そうしましょう！）」などと答える。

2人称の複数：vous

相手が2人以上いるときは、常に vous を使う（2人称の複数）。

例：Vous êtes prêts ?

1. tu の複数の場合：　　　「君達、準備はできた？」　　　（Tu es prêt ? の複数）
2. vous の複数の場合：　　「皆様、準備はできましたか？」　（Vous êtes prêt ? の複数）

II. 3人称は人以外にも使う

英語ではモノ・コトを指すのに代名詞 it が用いられるが、フランス語では3人称の人称代名詞 il, elle が使われる。第4課で学ぶように、フランス語にはモノにも男性名詞・女性名詞の区別がある。そのため3人称の il, elle は人だけではなく、モノを指すのにも使われる。

PRATIQUER　練習しよう！

2人称の tu と vous の使い分け

(a) が (b) に対して呼びかけるとき、ふつう tu と vous のどちらを使うだろうか？

	(a)		(b)	tu	vous
例：	学生	→	先生		✓
1.	自分	→	友達の友達		
2.	客	→	店員		
3.	店員	→	客		
4.	自分	→	祖父		
5.	祖父	→	自分		
6.	私（学生）	→	初対面の学生		

第1課：主語人称代名詞と第1群規則動詞（-er 動詞）

Point 2 : Les verbes réguliers 第1群規則動詞（-er 動詞）

動詞が活用される前の形を不定詞と呼ぶ（辞書の見出し語として記載されているのはこの形である）。
不定詞は語尾によって分類される。中でも、不定詞の語尾が -er で規則的な活用をする動詞群がフランス語動詞全体の約90％を占めており、第1群規則動詞と呼ばれる。次の活用のパターンを覚えるだけでほぼ全ての -er 動詞を活用させることができる。

OBSERVER 観察しよう！

I. 子音で始まる動詞

visiter	訪れる
je	visite
tu	visites
il / elle	visite
nous	visitons
vous	visitez
ils / elles	visitent

travailler	働く
je	travaille
tu	travailles
il / elle	travaille
nous	travaillons
vous	travaillez
ils / elles	travaillent

ここに注目！

- **A** -er 規則動詞の不定詞の語尾を□で囲みなさい。
- **B** -er 規則動詞の現在形の活用語尾を□で囲みなさい。
- **C** 音声を聴き、-er 規則動詞の語尾にある発音しない子音を二重線で消しなさい。

II. 母音（無音の h を含む）で始まる動詞

aimer	～が好きだ	
j'	aime	[ʒɛm]
tu	aimes	[tyɛm]
il	aime	[ilɛm]
elle	aime	[ɛlɛm]
nous	aimons	[nuzɛmɔ̃]
vous	aimez	[vuzɛme]
ils	aiment	[ilzɛm]
elles	aiment	[ɛlzɛm]

habiter	住む	
j'	habite	[ʒabit]
tu	habites	[tyabit]
il	habite	[ilabit]
elle	habite	[ɛlabit]
nous	habitons	[nuzabitɔ̃]
vous	habitez	[vuzabite]
ils	habitent	[ilzabit]
elles	habitent	[ɛlzabit]

ここに注目！

- **A** 母音で始まる動詞の場合、1人称単数主語人称代名詞 je は _____ になる。
- **B** 母音で始まる動詞との間でリエゾン（第0課参照）が生じる主語人称代名詞は _____ _____ _____ _____ 。

COMPRENDRE 理解しよう！

I. -er 動詞の語幹と語尾

動詞の活用は「語幹（変化しない部分）」と「語尾（主語に従って変化する部分）」からなっている。動詞 visiter の活用は次のようになる。

→ 語幹は不定詞の語尾 -er を取り除いたもの
→ 語尾は -er 動詞（第 1 群規則動詞）の全ての動詞で共通

* 動詞の活用表はウェブサイト（grammaire-francaise.com）を参照。

II. -er 動詞を活用するときの発音とアクセント

-er 動詞の活用語尾は、音声上は次の 3 つのパターンしかない。

- **発音されない**：1、2、3 人称単数および 3 人称複数（-e, -es, -e, -ent）
- [ɔ̃] ： 1 人称複数（-ons）
- [e] ： 不定詞と 2 人称複数（-er, -ez）

ここで分かるとおり、活用語尾 **-e、-es、-ent** は発音しない。この語尾の発音は間違えると意味まで変わってしまうので注意が必要である。例えば、「Je visite. [ʒəvizit]（私は訪れる）」（現在）の語尾を「エ」と発音してしまうと「Je visitais. [ʒəvizitɛ]（私は訪れていた）」（過去）という意味になってしまう。

活用語尾の発音パターンは、右の表のようにアクセントのパターンと関係している。

- 活用語尾を発音しない：
1、2、3 人称単数および 3 人称複数（-e, -es, -e, -ent）では、アクセントは語尾の前の音節に置かれる。

- 活用語尾を発音する：
1、2 人称複数および不定詞では、アクセントは語尾（-ons, -ez, -er）に置かれる。

なお、**母音で始まる動詞**の場合、主語人称代名詞との間で次のような音現象が生じる。

- エリジオン：j'aime [ʒɛm]
- アンシェヌマン：il aime [ilɛm], elle aime [ɛlɛm]
- リエゾン：nous aimons [nuzɛmɔ̃], vous aimez [vuzɛme], ils aiment [ilzɛm], elles aiment [ɛlzɛm]

* 無音の h ではじまる動詞（例：habiter）でも同じ現象が生じる。

			アクセント
不定詞	vi	si	**ter**
je	je	vi	**si**te
tu	tu	vi	**si**tes
il	il	vi	**si**te
nous	nous	vi	si	**tons**
vous	vous	vi	si	**tez**
ils	ils	vi	**si**tent

III. 辞書を使って動詞を調べる

例えば、「Nous visitons Paris.（私達はパリを訪れる）」という文章の中に出てくる visitons という語を辞書で調べようとしてもそのままの形では載っていない。辞書に載っているのは visiter という（英語の原形にあたる）形であり、フランス語文法では「不定詞」と呼ばれる。また辞書にはこの不定詞を見出し語として、単に意味だけではなく構文や慣用表現など様々な情報が記載されており、それらをきちんと読む習慣をつけることが重要である。

PRATIQUER 練習しよう！

第1群規則動詞（-er 動詞）の活用

A 次の動詞を現在形で活用させなさい。動詞を活用する際には必ず主語（人称代名詞）をつけて書くこと。

	parler 話す	regarder 見る	continuer 続ける
je			
tu			
il / elle			
nous			
vous			
ils / elles			

	écouter 聞く	étudier 勉強する	hésiter ためらう
j'			
tu			
il / elle			
nous			
vous			
ils / elles			

B ふさわしい形を選び、発音しなさい。

1. Tu [continue / continues].
2. Je [visite / visites].
3. Il [parle / parles].
4. Ils [hésite / hésitent].
5. Ils [regarde / regardent].
6. Elle [écoute / écoutes].
7. Elles [continue / continuent].
8. Il [regarde / regardent].

C 空欄に -e, -es, -ent のいずれかを入れなさい。

1. Tu écout ____
2. Ils écout ____
3. Je regard ____
4. Il regard ____
5. Elles travaill ____
6. J'étudi ____
7. Tu visit ____
8. Elle parl ____
9. Il continu ____

不定代名詞 on について

この第 1 課で学んだ主語人称代名詞以外に、不定代名詞 on が日常的によく使われる。
on を主語にする場合、動詞の活用は常に **3 人称単数** となる。使い方は以下の通り。

- 「人々一般」を表す

    Au Japon, on parle japonais.　　　　　　日本では人々は日本語を話しています。（＝ 日本語が話されています。）

    En France, on aime le vin.　　　　　　　フランスでは人々はワインを好みます。（＝ ワインが好まれます。）

- 日常会話で nous のくだけた言い方として使われる

    On mange ?　　　　　　　　　　　　　食べようか？

    Qu'est-ce qu'on fait ce soir ?　　　　　　今晩何しよう？

- 不特定の誰かを指す

    On frappe à la porte.　　　　　　　　　誰かがドアを叩いているよ。

フランスの窓

フランス中部を流れるロワール河流域にはルネサンス時代に多くの城が建てられた。中でもシュノンソー城は川面に映るその優美な姿で有名である。

有名観光地のモン・サン・ミッシェル。大天使ミカエルのお告げがきっかけで建造された。修道士たちの厳しい修行の場であった。

ヴェルサイユ宮殿の庭園。絶対王政絶頂期にあったルイ 14 世の統治下に造園された。左右対称の幾何学的なフランス式庭園の典型である。

フランスの人口は日本の約半分（2019 年時点）。面積は 551、500km²＊（日本は 377、972km²）。
＊ 海外県・海外領土を除く。

パリのビジネス地区ラ・デファンスの遠景。芸術と文化だけではないパリのもう 1 つの顔。

ストラスブールにおかれた欧州議会。ドイツと境を接し、国境争いが永いこと絶えなかった地にふさわしい。

Les verbes irréguliers être et avoir et l'impératif 2

不規則動詞 être と avoir、命令形

フランス語の動詞は活用の仕方から規則動詞と不規則動詞に大別される。この課では特に重要な不規則動詞である être（英語の be）と avoir（英語の have）の活用をしっかりと学び、発音・聞き取り・書き取りが完璧にできるようになるまで繰り返し練習しよう。この課ではさらに動詞の命令形と授業中の指示表現（「Répétez ! 繰り返そう!」など）を学ぶ。ぜひ覚えておこう。

- 不規則動詞 être と avoir の活用
- 命令形と授業中の指示表現

Point 1) Les verbes irréguliers être et avoir　不規則動詞 être と avoir

OBSERVER　観察しよう！

être	在る、〜である
je	suis
tu	es
il / elle	est
nous	sommes
vous	êtes
ils / elles	sont

avoir	持つ、有する
j'	ai
tu	as
il / elle	a
nous	avons
vous	avez
ils / elles	ont

ここに注目！

A 発音しない語末の子音を二重線で消しなさい。

B リエゾンする箇所にリエゾンのマークをつけなさい。

* 動詞の活用表はウェブサイト（grammaire-francaise.com）を参照。

COMPRENDRE　理解しよう！

I. être と avoir の活用におけるエリジオン、アンシェヌマン、リエゾン

être と avoir の活用において、主語人称代名詞との間に以下のような音のつながりが生じるので、しっかりと発音・聞き取り・書き取りの練習をすること。

- エリジオン：j'ai
- アンシェヌマン：il est,　elle est,　il a,　elle a
- リエゾン：vous êtes,　nous avons,　vous avez,　ils ont,　elles ont

II. être を使った身分や職業の表現

フランス語で身分、職業を言うときには、être + 身分・職業名となるが、英語と異なり不定冠詞をつけない。

　　Je suis étudiant.　　　私は学生です。　　× Je suis un* étudiant.

　　Il est professeur.　　　彼は教師です。　　× Il est un* professeur.

　　　　　　　　　　　　　　　　* un は不定冠詞（詳しくは第 6 課で学ぶ）

III. avoir を使った動詞句

avoir を使った動詞句には日常的によく使う表現がある。英語では be 動詞を使う表現をフランス語では avoir を使って表現する場合が多い。

avoir besoin de ...	〜が必要だ	**avoir peur de ...**	〜が怖い
例：Tu as besoin d'un dictionnaire ? 辞書は必要？		例：Elle a peur de l'examen. 彼女はテストが怖い。	
avoir faim / soif	空腹だ / のどが渇いている	**avoir + 数字 + an(s)**	〜歳だ
例：Tu as faim ?	お腹すいた？	例：J'ai vingt ans.	私は20歳だ。
avoir chaud / froid	暑い / 寒い	**avoir sommeil**	眠い
例：J'ai chaud / froid.	私は暑い / 寒い。	例：J'ai sommeil.	私は眠い。
avoir raison / tort	正しい / 誤っている		
例：Vous avez raison.	あなたは正しい。		

PRATIQUER 練習しよう！

I. 不規則動詞 être の活用

A 動詞 être を現在形で活用させなさい。

être	
je	nous
tu	vous
il / elle	ils / elles

B ふさわしい主語人称代名詞を入れなさい。

1. _____ sommes musiciens.
2. _____ sont professeurs.
3. _____ est journaliste.
4. _____ es pianiste.
5. _____ suis étudiant.
6. _____ êtes japonais.

C 結びつけなさい。

1. Tu ・
2. Ils ・ ・ sont
3. Vous ・ ・ es
4. Je ・ ・ est
5. Nous ・ ・ êtes   à Paris.
6. François ・ ・ suis
7. Paul et Marie ・ ・ sommes
8. La tour Eiffel ・

II. 不規則動詞 avoir の活用

A 動詞 avoir を現在形で活用させなさい。

avoir	
j'	nous
tu	vous
il / elle	ils / elles

B ふさわしい主語人称代名詞を入れなさい。

1. _____ ai un problème.
2. _____ as un chat.
3. _____ a un chien.
4. _____ avons un piano.
5. _____ avez un dictionnaire.
6. _____ ont un sac.

C 結びつけなさい。（数字の読み方については23ページ参照）

1. Tu・　　・a 22 ans.
2. Nous・　　・avez 20 ans.
3. Ils・　　・ai 18 ans.
4. Elle・　　・ont 25 ans.
5. Vous・　　・as 19 ans.
6. J'・　　・avons 21 ans.

Point 2 L'impératif 命令形と授業中の指示表現

OBSERVER 観察しよう！

écouter 聞く		
現在形		命令形
tu écoutes	→	écoute
nous écoutons	→	écoutons
vous écoutez	→	écoutez

répéter* 繰り返す		
現在形		命令形
tu répètes	→	répète
nous répétons	→	répétons
vous répétez	→	répétez

* 動詞 répéter は、第1群規則動詞であるが、一部の人称において語幹が少し変わるので注意が必要。
　　例： Tu répétes. ではなく Tu répètes.

他に動詞 préférer（より好む）、acheter（買う）、appeler（呼ぶ）などでも一部の人称において語幹が変わる。詳しくは第1課の「理解を深めるために」を参照。

ここに注目！

上の各表の現在形と命令形を見比べて、違いを書き出しなさい。

- 「tu」の場合：_____
- 「nous」の場合：_____
- 「vous」の場合：_____

COMPRENDRE 理解しよう！

I. 命令形の作り方

命令形は、以下のように現在形の2人称単数・複数および1人称複数（tu / vous / nous）から作られる。命令文では主語人称代名詞はつけない。

命令の対象	命令形の作り方	意味
tu	tu の現在形の活用語尾 -es から s を除く(-e)	tu で話す相手に対する命令
vous	現在形と同じ	vous で話す相手に対する命令
nous	現在形と同じ	「〜しよう」という勧誘

II. 不規則動詞の命令形

不規則動詞である être と avoir の命令形は以下のようになる。そのまま覚えよう。

être 在る、〜である	
現在形	命令形
tu es →	sois
nous sommes →	soyons
vous êtes →	soyez

avoir 持つ、所有する	
現在形	命令形
tu as →	aie
nous avons →	ayons
vous avez →	ayez

III. 命令形の否定文

命令形の否定文は、命令形の動詞を ne (n') ... pas で挟み込んで作る。

| Regardez ! | 見なさい！ | → | Ne regardez pas ! | 見ないでください！ |
| Écoute ! | 聞いて！ | → | N'écoute pas ! | 聞かないで！ |

否定形については、詳しくは第3課で学ぶ。

IV. 命令形を使った授業中の指示表現

フランス語の授業において、教員から学生への様々な指示は命令形を使って表現される。

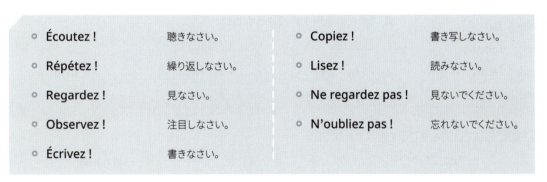

Écoutez !	聴きなさい。	Copiez !	書き写しなさい。
Répétez !	繰り返しなさい。	Lisez !	読みなさい。
Regardez !	見なさい。	Ne regardez pas !	見ないでください。
Observez !	注目しなさい。	N'oubliez pas !	忘れないでください。
Écrivez !	書きなさい。		

PRATIQUER 練習しよう！

I. 命令形

命令文にしなさい。

1. Tu écoutes. →
2. Tu travailles. →
3. Vous répétez. →
4. Vous observez. →
5. Nous cherchons. →
6. Nous parlons. →

II. 命令形の否定文

否定命令文にしなさい。

1. Mange. →
2. Achetez. →
3. Regardons. →
4. Parle. →
5. Expliquez. →
6. Commencez. →

不規則動詞 faire の活用

faire	する
je	fais
tu	fais
il / elle	fait
nous	faisons
vous	faites
ils / elles	font

不規則動詞 faire（する、英語の to do）の活用は左表のようになる。

EXERCICE

A faire の活用を完成させなさい。

1. Élise fai _____
2. Ils f _____
3. Nous fai _____
4. Je fai _____
5. Vous fai _____
6. Tu fai _____

B 各文の主語に応じて、faire を正しく活用させなさい。

1. Tu _____ quoi ?
2. Ils _____ du judo.
3. René _____ des études.
4. Je _____ un gâteau.
5. Nous _____ le ménage.
6. Vous _____ du sport ?

il y a / il faut / il fait

I. il y a ...　（〜がある）

il y a ...（〜がある）は、英語の there is, there are に相当する。複数の名詞を従えるときもこのままのかたちとなる。

例：　Il y a un étudiant.　　　　　　　学生がいます。

　　　Il y a des* magasins.　　　　　　店（複数）があります。

* des は複数の不定冠詞（詳しくは第6課で学ぶ）

II. il faut + 動詞の不定詞　（〜しなければならない、〜でなければならない）

il faut（〜しなければならない、〜でなければならない）は、義務や必要を示す表現（非人称）である。

例：　Il faut travailler.　　　　　　　働かなければなりません。

III. il fait を使った気候表現

動詞 faire は、il fait（非人称）の形で気候を表現する。

例：　Il fait beau.　　　　晴れています。　　　　Il fait mauvais.　　　天気が悪いです。

　　　Il fait froid.　　　　寒いです。　　　　　　Il fait chaud.　　　　暑いです。

　　　Il fait 10 degrés.　　（気温は）10度です。

数詞

数	基数詞	数	基数詞	数	基数詞	数	基数詞	数	基数詞
0	zéro	11	onze	21	vingt-et-un	70	soixante-dix	200	deux cents
1	un	12	douze	22	vingt-deux	71	soixante-et-onze	300	trois cents
2	deux	13	treize	23	vingt-trois	72	soixante-douze	1000	mille
3	trois	14	quatorze	24	vingt-quatre	80	quatre-vingts	1100	mille cent
4	quatre	15	quinze	25	vingt-cinq	81	quatre-vingt-un	2000	deux mille
5	cinq	16	seize	26	vingt-six	82	quatre-vingt-deux	3000	trois mille
6	six	17	dix-sept	27	vingt-sept	90	quatre-vingt-dix	10 000	dix mille
7	sept	18	dix-huit	28	vingt-huit	91	quatre-vingt-onze	100 000	cent mille
8	huit	19	dix-neuf	29	vingt-neuf	92	quatre-vingt-douze		
9	neuf	20	vingt	30	trente	100	cent	1 000 000	un million
10	dix			40	quarante	101	cent un	1 000 000 000	un milliard
				50	cinquante	102	cent deux		
				60	soixante				

第 2 課：不規則動詞 être と avoir、命令形

La négation et les questions fermées

否定文、「はい・いいえ」で答える疑問文

ことばによるコミュニケーションは、相手に質問をしたり、逆に相手の質問に肯定や否定で答えることから成り立っている。この課ではフランス語でのコミュニケーションに不可欠な、否定文の作り方および「はい・いいえ」で答える疑問文の作り方を学ぶ。

- 否定文
- 「はい・いいえ」で答える疑問文

Point 1　La négation　否定文

OBSERVER　観察しよう！

肯定文		否定文
Je parle français.	→	Je ne parle pas français.
Je suis étudiant.	→	Je ne suis pas étudiant.
Il est japonais ?	→	Non, il n'est pas japonais.
Tu habites à Paris ?	→	Non, je n'habite pas à Paris.

ここに注目！
左の否定文の中で、否定を示していると思われる語に下線を引きなさい。

COMPRENDRE　理解しよう！

否定文

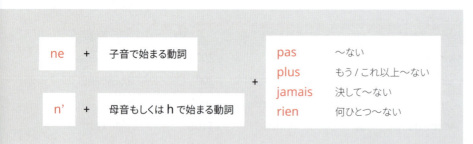

否定文は文の主要動詞（活用している動詞）を ne と pas ではさみ込んで作る。動詞が母音もしくは無音の h で始まっている場合、ne は n' となる。

否定の表現には ne... pas の他にいくつかのヴァリエーションがある。たとえば ne... plus「もう/これ以上〜ない」、ne... jamais「けっして〜ない」、ne... rien「何ひとつ〜ない」などを用いると、ニュアンスの異なる否定の表現が可能になる。

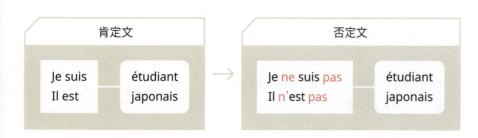

PRATIQUER 練習しよう！

否定文

A 空欄に ne, n' のいずれかを入れなさい。

1. Ils _____ parlent pas français.
2. Je _____ suis pas japonais.
3. Vous _____ mangez pas beaucoup.
4. Il _____ a pas froid.
5. Elle _____ a pas 20 ans.
6. Nous _____ visitons pas Nice.
7. Je _____ ai pas 24 ans.
8. Il _____ fume pas.

B 否定文にしなさい。

1. Tu es espagnol. → _____
2. Il est chinois. → _____
3. Nous sommes enseignants. → _____
4. Vous êtes étudiant. → _____
5. Vous travaillez. → _____
6. Il aime Paris. → _____
7. Nous mangeons au bistro. → _____
8. Tu habites à Strasbourg. → _____
9. Mario est français. → _____

Les questions fermées 「はい・いいえ」で答える疑問文

OBSERVER 観察しよう！

平叙文：「君はコーヒーが好きだ。」

Tu aimes le café.

疑問文：「君はコーヒーは好き？」

① Tu aimes le café ?
② Est-ce que tu aimes le café ?
③ Aimes-tu le café ?

ここに注目！

「はい」と「いいえ」で答える疑問文には3つの形がある。

疑問文「君はコーヒーは好き？」の①〜③をそれぞれ平叙文「君はコーヒーが好きだ。」と比較し、平叙文と違うところを□で囲みなさい。

* le は定冠詞（詳しくは第7課で学ぶ）

第3課：否定文、「はい・いいえ」で答える疑問文　**25**・vingt-cinq

COMPRENDRE 理解しよう！

I. 「はい・いいえ」で答える疑問文の3つのパターン

「はい・いいえ」という回答をする疑問文には、ていねいさのニュアンスによって3つの構文がある。

① **標準的な言い方1（ややくだけた言い方）：主語 + 動詞 ？**

語順は変えずに、文末を上がり気味に発音する。

例： Tu es étudiant ?　　　　　　　　　　　　君は学生？

② **標準的な言い方2：Est-ce que + 主語 + 動詞 ？**

語順は変えずに、文頭に「Est-ce que（Est-ce qu'）」をつける。

例： Est-ce que tu es étudiant ?　　　　　　　君は学生なの？

③ **ややかたい言い方：動詞 + 主語 ？**

主語と動詞を倒置する（倒置疑問文）。倒置した結果母音が連続する場合は、「-t-」を入れる。

例： Es-tu étudiant ?　　　　　　　　　　　　君は学生ですか？
　　 Aime-t-il le chocolat ?　　　　　　　　　彼はチョコレートが好きですか？

言い方のていねいさと tu / vous の使い分け

tu でも vous でも、疑問文の語順を変えることによって、よりカジュアルな言い方にも、より改まった言い方にもなる。

言い方のていねいさ	人間関係の種類（相手の呼び方）	
	tu	**vous**
標準的な言い方1*	Tu aimes le thé ?	Vous aimez le thé ?
標準的な言い方2	Est-ce que tu aimes le thé ?	Est-ce que vous aimez le thé ?
ややかたい言い方・文章	Aimes-tu le thé ?	Aimez-vous le thé ?

* 標準的だが、ややくだけた言い方になる。

II. 「はい・いいえ」で答える疑問文への答え方

疑問文に対する答え方は、「はい」が oui であり、「いいえ」は non となる。

英語と違い、do のような助動詞でもとの動詞を置き換えることはせず、疑問文で使われた動詞を主語の人称に合わせて活用させた上で繰り返す。

例： Vous parlez français ?　　　　　　　　　あなたはフランス語を話しますか？
　　 — **Oui**, je parle français.　　　　　　　はい、話します。

　　 Tu es étudiant ?　　　　　　　　　　　　あなたは学生？
　　 — **Oui**, je suis étudiant.　　　　　　　　はい、学生です。

ただし、否定の疑問文に対する答えは oui / non ではなく si / non となる。

例： Il n'est pas japonais ?　　　　　　　　　　彼は日本人ではないの？
　→ **Si**, il est japonais.　（× Oui, il est japonais.）　いいえ、日本人ですよ。
　→ **Non**, il n'est pas japonais. Il est chinois.　はい、日本人ではありません。中国人です。

否定疑問文の場合、フランス語と日本語では「はい」と「いいえ」が逆転することに注意（フランス語は英語と同じ）。詳しくは「理解を深めるために」を参照。

PRATIQUER 練習しよう！

「はい・いいえ」で答える疑問文

A est-ce que, est-ce qu' のいずれかを用いた疑問文にしなさい。

1. Tu habites à Londres ? →
2. Vous visitez Berlin ? →
3. Elle aime Paris ? →
4. Pierre et Élise sont français ? →
5. Ils ont une maison ? →
6. Tu as un problème ? →

　　* un, une は不定冠詞。詳しくは第6課で学ぶ。

B 倒置疑問文を使い、ややかたい言い方にしなさい。

1. Vous avez une question ? →
2. Tu es français ? →
3. Ils sont étudiants ? →
4. Tu parles français ? →
5. Vous aimez Brahms ? →
6. Vous parlez anglais ? →
7. Vous êtes japonais ? →
8. Ils ont un problème ? →

フランスの窓

モンマルトルの丘。「聖なる心」を意味するサクレクール寺院がパリを見渡している。映画「アメリ」の舞台にもなった。人気観光スポットだが当然スリも多い。

パリ市内を走るバス。移動の際に街並みを眺めることができて楽しいが、往路と復路で経路が違う場合があるので注意。

パリ市庁舎。新ルネサンス様式とベル・エポック様式が混在した壮麗な佇まい。様々な歴史的な事件の舞台にもなってきた。

第2群規則動詞（-ir 動詞の一部）の活用

I. 第2群規則動詞の語幹と語尾

主語人称代名詞	語幹	語尾
je	chois	is
tu	chois	is
il / elle	chois	it
nous	chois	issons
vous	chois	issez
ils / elles	chois	issent

既に習った第1群規則動詞（-er 動詞の大部分）は共通語尾が -e, -es, -e, -ons, -ez, -ent であったのに対し、第2群規則動詞（-ir 動詞の一部）の共通語尾は単数が **-is, -is, -it**、複数は **-issons, -issez, -issent** となる。

→ 語幹は不定詞の語尾 -ir を取り除いたもの
→ 語尾は第2群規則動詞の全ての動詞で共通

II. 不規則な -ir 動詞の活用

	partir 出発する	sortir 出る	dormir 眠る
je	pars	sors	dors
tu	pars	sors	dors
il / elle	part	sort	dort
nous	partons	sortons	dormons
vous	partez	sortez	dormez
ils / elles	partent	sortent	dorment

不定詞が -ir で終わる動詞には、上で見た第2群規則動詞とは異なる活用パターンをもつものもある。日常的に頻繁に使われる動詞としては左のものがある。

EXERCICE

A 以下の動詞を活用させなさい。動詞を活用する際には必ず主語（人称代名詞）をつけて書くこと。

	finir 終える	réfléchir 考える	réussir 成功する
je			
tu			
il / elle			
nous			
vous			
ils / elles			

B 日本語の意味に合うように、choisir, finir, réfléchir, réussir のいずれかを活用して入れなさい。

1. Vous _____ .　　　　あなたは考える。
2. Je _____ le test.　　わたしはテストに合格する。
3. Tu _____ à 5 heures.　君は5時に終える。
4. Nous _____ le menu A.　私たちは A 定食を選ぶ。
5. Il _____ un livre.　　彼は本を選ぶ。
6. Elles _____ à midi.　彼女たちは正午に終える。

不定詞の語尾が -re の重要動詞

以下の頻繁に使われる動詞群は、規則動詞ではないが、観察すると活用に一定のパターンがあることに気付くはずである。単数人称は発音が全て同じなので、まずは1人称単数を覚えよう。また、単数語尾の -s, -s, -t のパターンにも注目しよう。

	dire 言う	lire 読む	écrire 書く	vivre 生きる	mettre 置く、入れる
je (j')	dis	lis	écris	vis	mets
tu	dis	lis	écris	vis	mets
il / elle	dit	lit	écrit	vit	met
nous	disons	lisons	écrivons	vivons	mettons
vous	dites	lisez	écrivez	vivez	mettez
ils / elles	disent	lisent	écrivent	vivent	mettent

フランスの窓

フランス北西部ブルターニュ半島のカップ・フレエル。人影はほとんどないが、17世紀の灯台と20世紀の灯台が並んで立っている。ブルターニュ地方には、古くからケルト系の住民が住み、その文化・伝統が今も残っている。

イギリス海峡を望むノルマンディー地方のエトルタ。石灰岩質の断崖が続く絶景は、「アルセーヌ・ルパン」の生みの親として有名な小説家モーリス・ルブランや印象派の画家たちにインスピレーションを与えてきた。

アルプス山脈の最高峰モンブラン（4810m）の周辺を約170kmにわたって巡る長距離ハイキングコース（Tour du Mont Blanc）の風景。フランスだけでなくスイス、イタリアもまたぐ。

第3課：否定文、「はい・いいえ」で答える疑問文

Les noms et les adjectifs

名詞、品質形容詞

- **名詞**（男性名詞と女性名詞、単数と複数、限定辞）
- **品質形容詞**（性数変化、語順）

ヨーロッパのほとんどの言語において、名詞・形容詞には文法上の性の区別がある（英語にもかつては文法上の性の区別があったが、単純化を推し進めた結果、現在ではその区別がなくなってしまった）。フランス語では、すべての名詞・形容詞は、生物か無生物かに関わらず文法上2つの性（男性・女性）によって区別される。この課では、フランス語に欠かせないその区別の仕組みに少しずつ慣れていこう。

Point 1 — Les noms 名詞

OBSERVER 観察しよう！

garçon
男の子
（男性名詞）

fille
女の子
（女性名詞）

taureau
牡牛
（男性名詞）

vache
牝牛
（女性名詞）

étudiant
男子学生
（男性名詞）

étudiante
女子学生
（女性名詞）

pain
パン
（男性名詞）

glace
アイス
（女性名詞）

judo
柔道
（男性名詞）

musique
音楽
（女性名詞）

droit
権利
（男性名詞）

liberté
自由
（女性名詞）

ここに注目！

上の単語を、男性名詞か女性名詞かに注意して観察しよう。これらの例から男性名詞と女性名詞を区別する法則が何か見い出せるだろうか？

COMPRENDRE 理解しよう!

I. 男性名詞と女性名詞

フランス語では、すべての名詞を男性名詞・女性名詞に分類する。その際、雌雄のある生物か、無生物かによって、以下の２つに分かれる。

A **雌雄のはっきりしている生物**については、基本的にその性別に従って男性名詞・女性名詞に分類される。

- 男女で全く別な単語が存在する場合

    例： garçon　　男の子　　（男性名詞）　　fille　　女の子　　（女性名詞）

    　　 homme　　男性　　　（男性名詞）　　femme　　女性　　（女性名詞）

    　　 taureau　　牡牛　　 （男性名詞）　　vache　　牝牛　　（女性名詞）

- 男性名詞に対応する女性名詞が存在する場合

    例： étudiant　　男子学生　　（男性名詞）　　étudiant**e**　　女子学生　　（女性名詞）

    　　 président　（男の）大統領（男性名詞）　　président**e**　（女の）大統領（女性名詞）

    → このケースで男性名詞を女性名詞にする時には一般的に男性名詞に e をつける。

    * 女性名詞をこれとは異なったやり方で作る場合もある。36ページの「名詞・品質形容詞の特殊な女性形と複数形」の表を参照のこと。

B 一方、**無生物**名詞もすべて男性名詞か女性名詞に分類されるが、それは自然の性ではなく、文法上の性ということである。基本的には１つ１つの名詞について辞書で確認する必要がある。

例： pain　　　　パン　　　　（男性名詞）　　glace　　アイス　　（女性名詞）

　　 ordinateur　コンピュータ（男性名詞）　　voiture　自動車　　（女性名詞）

　　 judo　　　 柔道　　　　（男性名詞）　　musique　音楽　　　（女性名詞）

　　 droit　　　権利　　　　（男性名詞）　　liberté　自由　　　（女性名詞）

* ただし、以下のように語形から文法上の性が類推可能なケースもある。

- 語尾が **-age, -al, -isme, -ment** で終わる無生物名詞は男性名詞である。

    message　メッセージ，　animal　動物，　réalisme　リアリズム，　parlement　議会

- 語尾が **-e, -ion, -ance, -ence, -té, -ie, -eur** で終わる無生物名詞は一般的に女性名詞となる。

    nation　国家，　différence　違い，　liberté　自由，　philosophie　哲学，　couleur　色

II. 単数と複数

フランス語では名詞の単数と複数の違いは形の上ではっきり区別される。もっとも規則的な複数形は、**単数形に -s** をつけて作られる。

例： garçon　（単数）→ garçon**s**　（複数）　　fille　　（単数）→ fille**s**　　（複数）

　　 étudiant　（単数）→ étudiant**s**　（複数）　　étudiante　（単数）→ étudiante**s**　（複数）

* 複数形をこれとは異なったやり方で作る場合もある。36ページの「名詞・品質形容詞の特殊な女性形と複数形」の表を参照のこと。

なお、この複数形を示す語末の -s はフランス語では発音されない。複数形が同じ綴りになる英語の単語と発音を比較してみよう。

　　例： tables, classes, images, pages, nations

III. 限定辞と名詞

限定辞の種類

フランス語では、非常に稀な場合を除き、名詞を辞書に載っているそのままの形で使うのではなく、文脈に応じて以下のような限定辞*のいずれかをつけて使う。また、それぞれの限定辞は、それがつく名詞の性（男性・女性）と数（単数・複数）に応じて形を変える。

- 指示形容詞（**ce** pain / **cette** glace / **ces** glaces） → 第5課
- 所有形容詞（**mon** pain / **ma** glace / **mes** glaces） → 第5課
- 不定冠詞（**un** pain / **une** glace / **des** glaces） → 第6課
- 部分冠詞（**du** pain / **de la** glace） → 第6課
- 定冠詞（**le** pain / **la** glace / **les** glaces） → 第7課

* 例えば英語では、不定冠詞 a や定冠詞 the、指示形容詞 this / that、所有形容詞 my / your / his … などが限定辞にあたる。英語の場合は、例えば dogs、cars といった複数形には限定辞がつかないときがあるが、フランス語の場合は複数形の場合も含めてほぼ常に限定辞がつく。

限定辞の使い分けに関しては、第5課から少しずつ学んでゆくので、ここでは**「名詞には必ず限定辞がつく」**ということだけを覚えておいてほしい。

名詞の覚え方のコツ

新しい名詞を覚える際には、**必ず男性名詞か女性名詞かを確認して、不定冠詞（un / une）を付けた形で覚える習慣をつけよう**。そうすれば効率よく単語とその文法的性を記憶することができる。（不定冠詞については第6課で詳しく学ぶ。）

例えば、「café（コーヒー、喫茶店）」とだけ覚えるのではなく、男性形の不定冠詞をつけて「un café（コーヒー、喫茶店）」と覚えてしまえば、あとから性別を改めて調べ直す必要はなくなる。

PRATIQUER 練習しよう！

名詞

A 女性形にしなさい。（un は男性・単数名詞につく不定冠詞、une は女性・単数名詞につく不定冠詞）

1. un étudiant → une _____
2. un Français → une _____
3. un ami → une _____
4. un employé → une _____

B 複数形にしなさい。（des は男性 / 女性・複数名詞につく不定冠詞）

1. un ami → des _____
2. une classe → des _____
3. un croissant → des _____
4. une glace → des _____

Point 2 Les adjectifs 品質形容詞

OBSERVER 観察しよう！

フランス語の品質形容詞はそれが修飾する名詞の性別と数に応じて変化する。この変化は名詞につけて用いる場合（限定用法）でも、être などを介して主語の属詞（英語の補語）として用いる場合（叙述用法）でも同じである。以下で品質形容詞がどのように変化するかを観察しよう。

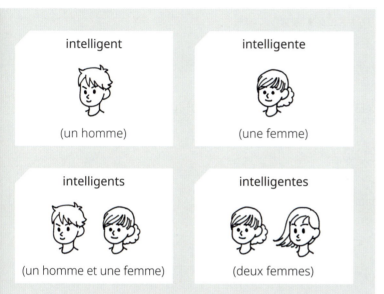

ここに注目！

左の図を参照しながら、正しいものをつなぎなさい。

Il est	・	・ intelligentes.
Elle est	・	・ intelligent.
Ils sont	・	・ intelligente.
Elles sont	・	・ intelligents.

COMPRENDRE 理解しよう！

I. 品質形容詞の性数変化

	単数	複数
男性	intelligent	intelligent**s**
女性	intelligent**e**	intelligent**es**

原則としてフランス語の品質形容詞は男性単数形を基本とし、女性単数形はそれに **-e** を、男性複数形は **-s** を、女性複数形は **-es** をつける。

なお、男性と女性が両方含まれる場合は、複数形は男性形となる。

* 名詞と同様、女性形や複数形をこれとは異なったやり方で作る場合もある。36ページの「名詞・品質形容詞の特殊な女性形と複数形」の表を参照のこと。

 Il est marié.
彼は結婚しています。

 Elle est marié**e**.
彼女は結婚しています。

 Ils sont marié**s**.
彼らは結婚しています。

 Elles sont marié**es**.
彼女らは結婚しています。

第4課：名詞、品質形容詞

II. 品質形容詞の語順

基本：

フランス語の品質形容詞は原則的には**名詞の後ろ**につける。

例： un ami japonais　　日本人の男友だち

例：　Élise a un ami américain.　　　　エリーズはアメリカ人の(男)友達がいます。
　　　Pierre a une amie américaine.　　ピエールはアメリカ人の(女)友達がいます。
　　　Ils ont des amis américains.　　　彼らはアメリカ人の友達(複数)がいます。

例外：

ただし、次のような日常的に良く使われる1、2音節の短い品質形容詞は名詞の前に来ることもある。

例： un bon film　　いい映画

bon, mauvais, grand, petit, jeune, vieux, beau, joli, gros, nouveau

例：　Elle a un grand studio.　　　　彼女は大きなワンルームを持っています。
　　　Il a une petite maison.　　　　彼は小さな家を持っています。
　　　Il a un beau pantalon.　　　　彼はきれいなズボンを持っています。
　　　Elle cherche une jolie robe.　　彼女はかわいいドレスを探しています。

 PRATIQUER 練習しよう！

品質形容詞

A 形容詞の性に注意して正しい形を選びなさい。

1. un étudiant [japonais / japonaise]
2. une étudiante [intelligent / intelligente]
3. un restaurant [chinois / chinoise]
4. une femme [blond / blonde]

B 形容詞の数に注意して正しい形を選びなさい。

1. des restaurants [italien / italiens]
2. des étudiantes [intéressants / intéressantes]
3. des pantalons [bleu / bleus]
4. des voitures [élégants / élégantes]

C 形容詞を適切な形に書き換えなさい。

例： Elle est française.　　　　→ Il est français.

1. Le texte est intéressant.　　　→ Les textes sont _____.
2. Il est allemand.　　　　　　　→ Elles sont _____.
3. Elle est blonde.　　　　　　　→ Il est _____.
4. Les étudiants sont contents.　→ Les étudiantes sont _____.
5. L'exercice est difficile.　　　　→ Les exercices sont _____.

6. Le monument est grand. → La maison est _____.

7. Le pantalon est noir. → Les jupes sont _____.

D 正しい順序に並べかえなさい。

1. confortable / un / hôtel → _____
2. livre / un / beau → _____
3. mauvaise / une / note → _____
4. petite / maison / une / japonaise → _____
5. dessert / italien / un / bon → _____
6. bleue / jolie / robe / une → _____

フランスの窓

フランスのカフェは外に向かって開かれ、道行く人々を眺めながら過ごす場所である。

自転車競技は人気のスポーツの1つ。毎年7月に行われるツール・ド・フランスはとても盛り上がる。

アルプスのスキー場。日本と違ってBGMはない。静かなゲレンデである。

有名な新聞としては、権威ある「Le Monde」、1970年代に哲学者サルトルが創刊した「Libération」、フランスで最も歴史がある「Le Figaro」などがある。単にニュースを提供するにとどまらず、それぞれ政治的立場の明確な論調をもつ新聞である。

テレビでは、公共放送のニュースチャンネル「France 2」、民放最大手の「TF1」、独仏共同出資の「ARTE」、有料放送では「Canal +」などが有名。また、海外向けの「TV5MONDE」などが日本でもインターネットで視聴できる。

「Radio France」という公共放送ラジオも内容が充実している。チャンネルはいくつかあり、特に文化専門の「France culture」はハイクオリティでおすすめ。もちろん日本でもインターネットで聴ける。なお、同ラジオ局はフランス国立管弦楽団なども管理・運営している。

名詞・品質形容詞の特殊な女性形と複数形

名詞・品質形容詞の特殊な女性形と複数形は以下のとおりである。少しずつ身につけていこう。

I. 名詞・品質形容詞の特殊な女性形

男性単数形の語尾	女性単数形の語尾	名詞の例	品質形容詞の例
-e	-e（男性形と同形）	élève → élève	jeune → jeune
-s	-sse		gros → grosse
-c	-che		blanc → blanche
-el, -on	-elle, -onne		personnel → personnelle bon → bonne
-éen, -ien	-éenne, -ienne	musicien → musicienne	coréen → coréenne italien → italienne
-er, -ier	-ère, -ière	pâtissier → pâtissière	cher → chère familier → familière
-eur, -eux	-euse	danseur → danseuse coiffeur → coiffeuse	dangereux → dangereuse heureux → heureuse
-f	-ve		actif → active
-teur*	-trice	acteur → actrice * 例外： chanteur → chanteuse	
-eau, -ou	-elle, -olle		beau → belle nouveau → nouvelle fou → folle
その他： vieux → vieille, doux → douce, faux → fausse, frais → fraîche, long → longue, public → publique など。			

II. 名詞・品質形容詞の特殊な複数形

単数形の語尾	複数形の語尾	名詞の例	品質形容詞の例
-s, -x, -z	-s, -x, -z （単数形と同形）	cours → cours prix → prix nez → nez	français → français sérieux → sérieux
-al	-aux	journal → journaux	national → nationaux
-eau, -au, -ou, -eu*	-eaux, -aux, -oux, -eux	tableau → tableaux genou → genoux cheveu → cheveux * 例外：pneu → pneus	nouveau → nouveaux * 例外：bleu → bleus
その他： œil → yeux, travail → travaux, monsieur → messieurs, madame → mesdames, mademoiselle → mesdemoiselles など。			

比較級

OBSERVER　観察しよう！

フランス語の比較級では、plus, aussi, moins の３つが使われる。

- René est **plus** grand que Michel.
  　　　　（　　）
- René est **aussi** grand que Jean.
  　　　　（　　）
- Michel est **moins** grand que René et Jean.
  　　　　　（　　）

René 180 cm　　Jean 180 cm　　Michel 170 cm

ここに注目！

下線部の比較を示す語は、右のどの記号に対応するだろうか。
絵を見て考え、それぞれの括弧に該当する記号を書き入れなさい。

＞：より多く
＝：同じくらい
＜：より少なく

フランス語で形容詞を使った比較の表現の仕方は以下のとおりである。

- plus + 形容詞 + que …　　　～より○○だ（優等比較級）
  René est **plus** intelligent **que** Thomas.　　　ルネはトマよりも知的だ。

- aussi + 形容詞 + que …　　　～と同じくらい○○だ（同等比較級）
  Michel est **aussi** intelligent **que** René.　　　ミシェルはルネと同じくらい知的だ。

- moins + 形容詞 + que …　　　～より○○でない（劣等比較級）
  Thomas est **moins** intelligent **que** René.　　　トマはルネよりも知的でない。

なお、特殊な比較級を持つ形容詞は限られており、とりあえずは bon の優等比較級が **meilleur** であることをおさえておけばよい。

例：　Le fromage français est bon.　　　　　　　　　フランス産チーズは美味しい。
　　　Le fromage français est **meilleur** que le fromage japonais.　　　フランス産チーズは日本産チーズより美味しい。

5. Les adjectifs démonstratifs et les adjectifs possessifs

指示形容詞と所有形容詞

- 指示形容詞（この、その、あの、など）
- 所有形容詞（私の、あなたの、など）

第4課において、フランス語の名詞は文法上男性名詞と女性名詞に区別されること、そして単数形と複数形の区別がはっきりと示されることを学んだ。さらに、品質形容詞についても、英語とは異なり、それが修飾する名詞の性（男性・女性）と数（単数・複数）に応じて形を変えることを学んだ。この課では、名詞を「この、その、あの」などと限定する指示形容詞、「私の、あなたの」などと限定する所有形容詞を扱う。これらの形容詞も関係する名詞の性・数によって形を変えるので、練習を重ねて確実に身につけていこう。

Point 1 — Les adjectifs démonstratifs 指示形容詞

OBSERVER 観察しよう！

名詞			指示形容詞 + 名詞
livre	（男性名詞・単）	→	**ce** livre
livres	（男性名詞・複）	→	**ces** livres
clé	（女性名詞・単）	→	**cette** clé
clés	（女性名詞・複）	→	**ces** clés
étudiant	（男性名詞・単）	→	**cet** étudiant
étudiants	（男性名詞・複）	→	**ces** étudiants
hôtel	（男性名詞・単）	→	**cet** hôtel
hôtels	（男性名詞・複）	→	**ces** hôtels
étudiante	（女性名詞・単）	→	**cette** étudiante
étudiantes	（女性名詞・複）	→	**ces** étudiantes

ここに注目！
名詞の性と数に気をつけて左の例を観察し、下表の空欄のそれぞれに該当する**指示形容詞 ce / cet / cette / ces** のいずれかを入れよう。

	名詞の数	単数	複数
名詞の性	男性形（1）：後ろの男性単数名詞が**子音**で始まっている場合		
	男性形（2）：後ろの男性単数名詞が**母音**もしくは**無音のh**で始まっている場合		
	女性形		

COMPRENDRE 理解しよう！

指示形容詞

性＼数	単数	複数
男性	ce (cet)	ces
女性	cette	

「この / その / あの」にあたる指示形容詞は、それが関わる名詞の文法上の性（男・女）、数（単・複）に合わせて左のように形を変える。

なお、括弧内の形は、後ろに来る男性単数名詞が母音もしくは無音の h で始まっている場合に使われる。

名詞に指示形容詞をつけると以下のようになる。

			単数	複数
studio	ワンルーム	（男性名詞）	**ce** studio	**ces** studios
appartement	マンション	（母音で始まる男性名詞）	**cet** appartement	**ces** appartements
maison	家	（女性名詞）	**cette** maison	**ces** maisons

なお、フランス語の指示形容詞 ce (cet) / cette / ces 自体には日本語の「この / その / あの」や英語の this / that の区別はない。それらをあえて区別したい場合には ce livre-ci（こちらにある、この本）、ce livre-là（そちら / あちらにある、その / あの本）のような言い方をする。

PRATIQUER 練習しよう！

指示形容詞

A 辞書で単語の性を調べ、ふさわしい指示形容詞を書きなさい。

1. studio → _____ studio
2. maison → _____ maison
3. appartement → _____ appartement
4. homme → _____ homme
5. femme → _____ femme
6. étudiants → _____ étudiants
7. système → _____ système
8. ami → _____ ami
9. amie → _____ amie
10. amies → _____ amies

B 括弧内の名詞の性・数を調べ、ふさわしい指示形容詞をつけて全文を書きなさい。

1. Il regarde (film). → _____
2. Je mange (tarte). → _____
3. Tu écoutes (chansons). → _____
4. J'écoute (chanson). → _____
5. Elle aime (humour). → _____
6. Vous étudiez (leçon). → _____
7. Ils cherchent (restaurant). → _____
8. J'aime (musique). → _____

第 5 課：指示形容詞と所有形容詞

Point 2 — Les adjectifs possessifs 所有形容詞

 OBSERVER 観察しよう！

所有の対象	所有者		太字の部分は**所有形容詞**	
le père		ポールの父	**son** père	彼の父
la mère	de Paul	ポールの母 →	**sa** mère	彼の母
les parents		ポールの両親	**ses** parents	彼の両親
le père		マリーの父	**son** père	彼女の父
la mère	de Marie	マリーの母 →	**sa** mère	彼女の母
les parents		マリーの両親	**ses** parents	彼女の両親

* le / la / les はそれぞれ男性単数名詞 / 女性単数名詞 / 複数名詞につく定冠詞（英語の the）、de は所有を示す前置詞「〜の」を表す。

ここに注目！

A 所有の対象（人・もの）が男性名詞（「父」）の場合と女性名詞（「母」）の場合とでは**所有形容詞**がどのように異なるか観察しよう。

B 所有の対象（人・もの）が単数名詞（「父」、「母」）の場合と複数名詞（「両親」）の場合とでは**所有形容詞**がどのように異なるか観察しよう。

C 3人称単数の所有者が男性の場合（「Paul の ＝ 彼の」）と女性の場合（「Marie の ＝ 彼女の」）で**所有形容詞**に違いがあるかどうか観察しよう。

 COMPRENDRE 理解しよう！

所有形容詞

所有者	所有の対象となる名詞の性数		
	男性・単数	女性・単数	複数
je	mon	ma (mon)	mes
tu	ton	ta (ton)	tes
il / elle	son	sa (son)	ses
nous	notre	notre	nos
vous	votre	votre	vos
ils / elles	leur	leur	leurs

「私の」や「君の」にあたる、所有を示す形容詞も、それが関わる名詞（所有の対象）の文法上の性（男 / 女）、数（単 / 複）に合わせて形を変える。

* 括弧内は、女性・単数名詞でも母音もしくは無音の h で始まる単語の前に来る時の形である。

quarante • 40　第 **5** 課：指示形容詞と所有形容詞

所有者が1人称単数・複数のとき

J'ai un chat. → Mon chat est noir.
私は猫を飼っています。　　私の猫は黒猫です。

J'ai une table. → Ma table est petite.
私は机を持っています。　　私の机は小さいです。

J'ai des stylos. → Mes stylos sont noirs.
私はペンを数本持っています。　私のペンは黒ペンです。

Nous avons un chat. → Notre chat est noir.
私達は猫を飼っています。　　私達の猫は黒猫です。

Nous avons une table. → Notre table est petite.
私達は机を持っています。　　私達の机は小さいです。

Nous avons des stylos. → Nos stylos sont noirs.
私達はペンを数本持っています。　私達のペンは黒ペンです。

所有者が2人称単数・複数のときも ton, ta, tes / votre, vos を上の mon, ma, mes / notre, nos と同じパターンで使用する。

所有者が3人称単数のとき

英語の his, her とは異なり、フランス語では3人称の所有者の性の区別（彼の / 彼女の）は所有形容詞の形にはあらわれない。所有者が男性であろうと女性であろうと、所有の対象の名詞が男性名詞の場合であれば必ず son、女性名詞であれば必ず sa、複数名詞であれば必ず ses となる。

Paul a un chat. → Son chat est noir.
ポールは猫を飼っています。　彼の猫は黒猫です。

Paul a une table. → Sa table est petite.
ポールは机を持っています。　彼の机は小さいです。

Paul a des stylos. → Ses stylos sont noirs.
ポールはペンを数本持っています。　彼のペンは黒ペンです。

Marie a un chat. → Son chat est noir.
マリーは猫を飼っています。　彼女の猫は黒猫です。

Marie a une table. → Sa table est petite.
マリーは机を持っています。　彼女の机は小さいです。

Marie a des stylos. → Ses stylos sont noirs.
マリーはペンを数本持っています。　彼女のペンは黒ペンです。

所有者が3人称複数のとき

Eric et Léa ont un chat. → Leur chat est noir.
エリックとレアは猫を飼っています。　彼らの猫は黒猫です。

Eric et Léa ont une table. → Leur table est petite.
エリックとレアは机を持っています。　彼らの机は小さいです。

Eric et Léa ont des stylos. → Leurs stylos sont noirs.
エリックとレアはペンを数本持っています。　彼らのペンは黒ペンです。

母音もしくは無音の h で始まる女性単数名詞につく場合

後ろに来る女性単数名詞が母音もしくは無音の h で始まっている場合には 40 ページの所有形容詞の表の括弧内に示してある、男性形と同じ形を使う。

例： Paul a une amie. → **Son** amie aime les chats. ✕ <u>Sa</u> amie aime les chats.
　　ポールには（女の）友達がいます。　　彼の（女の）友達は猫が好きです。

　　Paul a une adresse gmail. → J'ai **son** adresse. ✕ J'ai <u>sa</u> adresse.
　　ポールは gmail のアドレス* を持っています。　私は彼のメールアドレスを持っています。
　　* adresse：女性名詞

PRATIQUER 練習しよう！

所有形容詞

A 辞書で名詞の意味と性を調べ、空欄にふさわしい所有形容詞を使って完成させなさい。

1. Je parle avec ___mon___ père.
   　　　　　　　_____ mère.
   　　　　　　　_____ amis.

2. Tu regardes _____ téléphone.
   　　　　　　　___ta_____ carte.
   　　　　　　　_____ enfants.

3. Vous avez ___votre___ sac.
   　　　　　　_____ valise.
   　　　　　　_____ papiers.

4. Ils cherchent _____ passeport.
   　　　　　　　 ___leur____ voiture.
   　　　　　　　 _____ enfants.

B 左側の所有形容詞のいずれかを使って完成させなさい。

1. (mon, ma, mes) _____ valise, _____ amis, _____ chat
2. (son, sa, ses) _____ livres, _____ appartement, _____ mère
3. (notre, nos) _____ carte, _____ amis
4. (leur, leurs) _____ enfants, _____ maison

C 辞書で名詞の意味と性を調べ、ふさわしい所有形容詞とつなげなさい。

Dans mon sac, il y a

1. mon ・　　　・ livres.
2. ma ・　　　・ carte d'étudiant.
3. mes ・　　　・ écharpe.
　　　　　　　・ dictionnaire.

D son, sa, ses の中から適切な所有形容詞を選んで例のように書き換えなさい。

例：la maison de Paul → sa maison

1. le père de Marie → _____
2. le salaire de Marie → _____
3. les idées de Marie → _____
4. la vie de Napoléon → _____
5. l'adresse de Marie → _____
6. l'opinion de Paul → _____

不規則動詞 prendre の活用

prendre 取る	
je	prends
tu	prends
il / elle	prend
nous	prenons
vous	prenez
ils / elles	prennent

不規則動詞 prendre（とる、英語の take）の活用は左のようになる。

prendre の 3 人称複数は prennent [pʀɛn] となるので、注意しよう。

英語の take と同様、「乗る、買う、飲む、（写真を）撮る」など、様々な意味の広がりをもつ便利な動詞なので、活用をしっかりと覚えよう。

またこの動詞から派生した動詞として comprendre（理解する）, apprendre（学ぶ）も同じ活用をするのでしっかり覚えよう。

EXERCICE

A 以下の動詞を活用させなさい。

comprendre 理解する
je
tu
il / elle
nous
vous
ils / elles

apprendre 学ぶ
j'
tu
il / elle
nous
vous
ils / elles

B 正しい活用語尾にしなさい。

1. Ils pren _____ .
2. J'appren _____ .
3. Nous compren _____ .
4. Vous pren _____ .
5. Vous compren _____ .
6. Éva appren _____ .
7. Tu pren _____ .
8. Il compren _____ .

C 正しい文となるようにつなぎなさい。（複数回答あり）

1. Pierre · · apprenons le piano.
2. Tu · · comprennent le français.
3. Les enfants · · apprends un poème.
4. Nous · · comprends l'espagnol ?
5. Vous · · prenons un rendez-vous.
6. J' · · prenez un taxi ?
7. Je · · prend un café.

第 5 課：指示形容詞と所有形容詞

L'article indéfini et l'article partitif

不定冠詞と部分冠詞

- 不定冠詞（un, une, des）
- 部分冠詞（du, de la, de l'）
- 否定の de

冠詞は、名詞を文脈に対応した形で使うための重要な文法ポイントである。英語の冠詞は不定冠詞 a と定冠詞 the の２種類だけだが、フランス語には不定冠詞、部分冠詞、定冠詞の３種類がある。

それぞれの用法を理論的に頭で理解するだけでなく、実際の用例を見て実践的に身につけていくことが何よりも重要である。気を引き締めて取り組んでいこう。

この課では、冠詞に関して左の３点を学ぶ。定冠詞については、次の第７課で学ぶ。

Point 1　Les articles indéfinis et partitifs　不定冠詞と部分冠詞

不定冠詞	単数	複数
男性形	un	des
女性形	une	

部分冠詞	数は区別なし
男性形	du (de l')
女性形	de la (de l')

不定冠詞と部分冠詞は、その名詞の表すもの全体の中の**不特定**のいくつか（不定冠詞）または一部分（部分冠詞）を示す。

不定冠詞と部分冠詞の使い分けは、それぞれの名詞を**どのようにイメージしているか**による。すなわち、

- **不定冠詞はあるものの１つ１つを数としてイメージしているときに用いる。**
- **部分冠詞はあるもの全体の一部分を量としてイメージしているときに用いる。**

よって、「この名詞はいつでも不定冠詞で、あの名詞はいつでも部分冠詞」などと**名詞ごとに使い分けが固定されているわけではない**。

OBSERVER　観察しよう！

I. 不定冠詞：un, une / des

下の各イラストに当てはまるものを、[男性形 / 女性形] [単数形 / 複数形] のそれぞれから選んで ☑ をつけなさい。

un croissant
- 性：☐ 男性形　☐ 女性形
- 数：☐ 単数形　☐ 複数形

des croissants
- ☐ 男性形　☐ 女性形
- ☐ 単数形　☐ 複数形

un onigiri
- 性：☐ 男性形　☐ 女性形
- 数：☐ 単数形　☐ 複数形

des onigiris
- ☐ 男性形　☐ 女性形
- ☐ 単数形　☐ 複数形

une pomme
- 性：☐ 男性形　☐ 女性形
- 数：☐ 単数形　☐ 複数形

des pommes
- ☐ 男性形　☐ 女性形
- ☐ 単数形　☐ 複数形

II. 不定冠詞と部分冠詞

下の各イラストに当てはまるものを、[不定冠詞 / 部分冠詞] [男性形 / 女性形] のそれぞれから選んで ✓ をつけなさい。

	un poisson	du poisson	une glace	de la glace
冠詞：	☐ 不定冠詞　☐ 部分冠詞	☐ 不定冠詞　☐ 部分冠詞	☐ 不定冠詞　☐ 部分冠詞	☐ 不定冠詞　☐ 部分冠詞
性：	☐ 男性形　☐ 女性形	☐ 男性形　☐ 女性形	☐ 男性形　☐ 女性形	☐ 男性形　☐ 女性形

	du yaourt	un yaourt	du pain	un pain
冠詞：	☐ 不定冠詞　☐ 部分冠詞	☐ 不定冠詞　☐ 部分冠詞	☐ 不定冠詞　☐ 部分冠詞	☐ 不定冠詞　☐ 部分冠詞
性：	☐ 男性形　☐ 女性形	☐ 男性形　☐ 女性形	☐ 男性形　☐ 女性形	☐ 男性形　☐ 女性形

 COMPRENDRE 理解しよう！

不定冠詞と部分冠詞

フランス語の冠詞には、**不定冠詞**と**部分冠詞**、そして**定冠詞**がある。定冠詞については次の第7課で学ぶ。

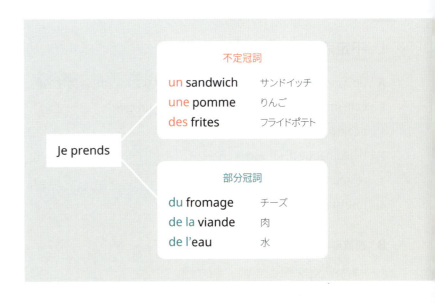

第 **6** 課：不定冠詞と部分冠詞　　**45** • quarante-cinq

不定冠詞

不定冠詞はあるもの丸ごとを1つ1つ数でイメージする場合に用い、単数の男性名詞には **un** を、単数の女性名詞には **une** を用いる。男性名詞も女性名詞も複数になると **des** を用いる。

例： J'achète **un** livre. 　　　　私は本を1冊買う。
　　　J'achète **des** livres. 　　　私は本を数冊買う。
　　　Tu achètes **une** carte postale. 　君は絵はがきを1枚買う。
　　　Tu achètes **des** cartes postales. 　君は絵はがきを複数枚買う。

部分冠詞

部分冠詞はある全体の一部分を量でイメージする場合に用い、男性名詞には **du**、女性名詞には **de la** が用いられる。いずれも後に母音や無音の h で始まる名詞が続くと **de l'** という形に変わる。

例： Je mange **du** pain. 　　　私は（いくらかの量の）パンを食べる。
　　　Je mange **de la** viande. 　私は（いくらかの量の）肉を食べる。
　　　Je prends **de l'**eau. 　　私は（いくらかの量の）水を飲む。

また、抽象名詞が部分冠詞を伴って使われることもある。

例： Il a **du** courage. 　　彼は勇気がある。
　　　Il a **de la** chance. 　彼は運がいい。
　　　Il a **de l'**humour. 　彼はユーモアがある。

不定冠詞

un thon　des sardines　une pastèque

du thon　　　　de la pastèque

部分冠詞

PRATIQUER　練習しよう！

I. 不定冠詞

A un, une, des のいずれかを使って完成させなさい。(m) は男性名詞、(f) は女性名詞、(s) は単数、(p) は複数。

例：café (m, s)　　コーヒー、喫茶店　→　un café

1. école (f, s)　　学校　　　　→ _____
2. bibliothèque (f, s)　図書館　→ _____
3. restaurant (m, s)　レストラン　→ _____
4. touristes (m, p)　観光客　　→ _____
5. place (f, s)　広場、座席　→ _____
6. femmes (f, p)　女性　　　→ _____
7. couleur (f, s)　色　　　　→ _____
8. visite (f, s)　訪問　　　→ _____

B 複数形にしなさい。

1. Il y a un étudiant.　　→ _____
2. Il y a une manifestation.　→ _____
3. C'est un film.　　→ _____
4. C'est une solution.　→ _____

C 日本語の文を正しいフランス語にするために空欄に適切な不定冠詞を書き入れなさい。

1. 車を持っています。　　　　J'ai _____ voiture (f, s).
2. バゲットをください。　　　_____ baguette (f, s), s'il vous plaît.
3. レストランで働いています。　Je travaille dans _____ restaurant (m, s).

4. 朝はリンゴを食べます。   Je mange _____ pomme (f, s) le matin.
5. 友達としゃべっています。 Je parle avec _____ amis (m, p).
6. 彼には恋人がいます。   Il a _____ petite amie (f, s).
7. 犬を飼っています。   J'ai _____ chien (m, s).
8. 果物を買います。   J'achète _____ fruits (m, p).

II. 部分冠詞

A du, de la, de l' のいずれかを使って完成させなさい。(m) は男性名詞、(f) は女性名詞。

1. riz (m)   米   → _____
2. soupe (f)   スープ → _____
3. eau (f)   水   → _____
4. vin (m)   ワイン → _____
5. temps (m)   時間 → _____
6. argent (m)   お金 → _____
7. sucre (m)   砂糖 → _____
8. confiture (f) ジャム → _____
9. énergie (f) エネルギー → _____
10. courage (m) 勇気 → _____

B 日本語の文を正しいフランス語にするために空欄に適切な部分冠詞を書き入れなさい。

1. 朝はお米を食べます。   Le matin, je mange _____ riz (m).
2. パンにジャムをつけて食べます。 Je mange _____ pain (m) avec _____ confiture (f).
3. 彼はお金を持っています。   Il a _____ argent (m).
4. 彼はラッキーです！   Il a _____ chance (f) !
5. ナポレオンは野心家です。   Napoléon a _____ ambition (f).

C ふさわしいものをつなげなさい。

1. À la pâtisserie, j'achète …   ・   ・   du fromage.
2. Je mange un sandwich avec …   ・   ・   du courage.
3. Superman a …   ・   ・   des pâtes.
4. Les Italiens mangent …   ・   ・   des gâteaux.

フランスの窓

結婚する際には市役所に届けを出をし、市長（代理）が結婚式を執り行う。それと共に宗教的な結婚式も挙げる人もいる。なお、フランスには他にPACSというパートナーシップ制度がある。結婚と同様に税制面での優遇が受けられる一方で、結婚式は不要、離婚のときも裁判不要である。

結婚パーティではみんなで夜通しダンスをする。日本と異なり、こういった社交の場で子どもたちがずっと大人の輪に混じってちやほやされることはほとんどない。大人は大人で会話やダンスを楽しみ、子どもは子どもで遊ぶのが普通である。

フランスで生まれる子どもたちのうち、およそ60％が婚外子である（2016年、EU平均は約40％）。事実婚の場合もあればシングルペアレントの場合もある。日本の婚外子率が2％程度に過ぎないことと比べると興味深い。

Point 2: Négation avec « de » 否定の de

OBSERVER 観察しよう！

肯定文		否定文
J'ai une voiture.	→	Je n'ai pas de voiture.
J'ai des problèmes.	→	Je n'ai pas de problèmes.
J'ai des amis français.	→	Je n'ai pas d'amis français.
Je mange du pain.	→	Je ne mange pas de pain.
Je mange de la viande.	→	Je ne mange pas de viande.
J'ai de l'argent.	→	Je n'ai pas d'argent.

ここに注目！

A 肯定文の中で使われている冠詞を□で囲みなさい。次に否定文を見て、肯定文の中で使われていた冠詞が否定表現 ne ... pas の後でどのようになっているかを観察しなさい。

B 上で観察したことをもとに以下の空欄を埋めましょう。
- 否定文の中で、不定冠詞は _____ となり、部分冠詞は _____ となる。
- 否定文の中で、母音から始まる名詞の前では、不定冠詞は _____ となり、部分冠詞は _____ となる。

COMPRENDRE 理解しよう！

否定の de

不定冠詞と部分冠詞が否定文の中で直接目的語となっている名詞についているときは、すべて de という形に変わる。なお、de に続く名詞が母音または h で始まる場合はエリジョンを起こして d' となる。

不定冠詞・部分冠詞の否定形

不定冠詞	un / une / des	→ pas de + 子音
部分冠詞	du / de la / de l'	→ pas d' + 母音

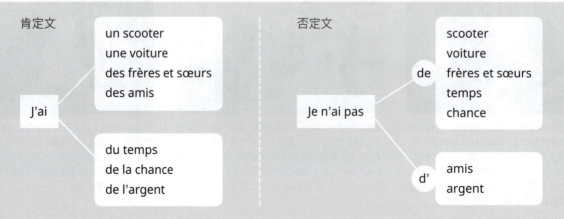

肯定文: J'ai — un scooter / une voiture / des frères et sœurs / des amis / du temps / de la chance / de l'argent

否定文: Je n'ai pas — de — scooter / voiture / frères et sœurs / temps / chance ; d' — amis / argent

PRATIQUER 練習しよう!

否定の de

A 空欄に適当な冠詞を入れなさい。

1. Pierre a un chat. → Paul n'a pas _____ chat.
2. Paul a des enfants. → Pierre n'a pas _____ enfants.
3. Pierre mange du poisson. → Paul ne mange pas _____ poisson.
4. Paul mange de la viande. → Pierre ne mange pas _____ viande.
5. Paul prend de l'alcool. → Pierre ne prend pas _____ alcool.
6. Pierre a de la patience. → Paul n'a pas _____ patience.

B 空欄に適当な冠詞を入れなさい。

1. Tu prends du café ? — Non, je ne prends pas _____ café.
2. Tu prends de la bière ? — Non, je ne prends pas _____ bière.
3. Tu as des frères et sœurs ? — Non, je n'ai pas _____ frères et sœurs. Je suis enfant unique.
4. Vous mangez de la viande ? — Non, je ne mange pas _____ viande. Je suis végétarien.

c'est … , ce sont … と il / elle est … , ils / elles sont … の用法

I. c'est … , ce sont … :「何であるか」（同定）を述べる

c'est … , ce sont … 「これ（あれ）は〜である」は、「What is it?」「It is a pen.」などと言うときの英語の it is, this is, these are に相当する。「ある人・物が何であるか」を明らかにするときに使う。

例： C'est un professeur de français.　　　　こちらはフランス語の教員です。

　　 Ce sont des étudiants.　　　　　　　　こちらは学生達です。

　　 C'est du café.　　　　　　　　　　　　これはコーヒーです。

この c'est … , ce sont … 構文の否定文では、不定冠詞、部分冠詞は de にはせず、そのままにする。

例： Ce n'est pas un professeur de français.　こちらはフランス語の教員ではありません。

　　 Ce ne sont pas des étudiants.　　　　　こちらは学生達ではありません。

　　 Ce n'est pas du café, c'est du thé.　　　これはコーヒーではなくお茶です。

II. il / elle est … , ils / elles sont … :「どんな人（物）であるか」（叙述）を述べる

既に言及された人や物が、具体的に「どんな人（物）であるか」（例えば、属性や身分・職業）を述べるときには、il (elle) est … / ils (elles) sont … を用いる。なお、身分・職業を述べるときには、英語と異なり不定冠詞をつけない。

例： Il est professeur de français.　　　　　彼はフランス語の教員です。

　　 Ils sont étudiants.　　　　　　　　　　彼らは学生です。

Les articles définis 定冠詞 7

第6課では不定冠詞と部分冠詞を学んだ。この第7課では、もう1つの重要な冠詞である**定冠詞**を学ぶ。英語の定冠詞 the と重なる用法もあるが、フランス語独特の用法もあるので、注意して学んでいこう。フランス語の定冠詞には、大きく分けて2つの用法がある。1つは**対象（人・事物）を特定化して示す用法**であり、もう1つは**対象（人・事物）を一般化して総称的に示す用法**である。不定冠詞や部分冠詞との違いもしっかり理解しよう。

- 定冠詞 ①：対象（人・事物）を特定化して示す用法
- 定冠詞 ②：対象（人・事物）を総称的に示す用法
- 定冠詞の否定

Point 1 Cas précis 定冠詞 ①：対象を特定化して示す用法

OBSERVER 観察しよう！

下の各太字部分の名詞について、[不定冠詞 / 部分冠詞 / 定冠詞][男性形 / 女性形][単数形 / 複数形 / どちらでもない]のそれぞれからふさわしいものを選んで ☑ をつけなさい．

J'ai **un chien** et **un chat**.
私は1匹の犬と1匹の猫を飼っています。

冠詞： ☐ 不定冠詞 ☐ 部分冠詞 ☐ 定冠詞
性： ☐ 男性形 ☐ 女性形
数： ☐ 単数形 ☐ 複数形 ☐ どちらでもない

Le chien s'appelle Pochi et **le chat** s'appelle Tama.
その犬はポチで、その猫はタマといいます。

冠詞： ☐ 不定冠詞 ☐ 部分冠詞 ☐ 定冠詞
性： ☐ 男性形 ☐ 女性形
数： ☐ 単数形 ☐ 複数形 ☐ どちらでもない

Je voudrais travailler à **l'hôtel Ritz**.
私はリッツホテルでアルバイトしたいです。

冠詞： ☐ 不定冠詞 ☐ 部分冠詞 ☐ 定冠詞
性： ☐ 男性形 ☐ 女性形
数： ☐ 単数形 ☐ 複数形 ☐ どちらでもない

Je voudrais travailler dans **un hôtel**.
私はホテルでアルバイトしたいです。

冠詞： ☐ 不定冠詞 ☐ 部分冠詞 ☐ 定冠詞
性： ☐ 男性形 ☐ 女性形
数： ☐ 単数形 ☐ 複数形 ☐ どちらでもない

COMPRENDRE 理解しよう！

I. 定冠詞の形

定冠詞	単数	複数
男性形	le (l')	les
女性形	la (l')	

定冠詞は母音（もしくは無音の h）で始まる名詞が後につづくと、なめらかに発音できるようにエリジオンやリエゾンが起こる。

II. 定冠詞 ①：対象（人・事物）を特定化して示す用法

定冠詞の用法には、「対象（人・事物）を特定化して示す用法」と「対象（人・事物）を一般化して総称的に示す用法」（Point 2 で学ぶ）の大まかに2つがある。

まず、「対象を特定化して示す用法」の使い方は大きく次の2つのケースに分かれている。

A　世界に1つしかないものについて話すとき

la tour Eiffel　エッフェル塔
la Lune　月

B　何について話しているかがはっきりしているとき

la clé de Sophie　ソフィーの鍵

A のように、**もともと世界に1つしかないものには定冠詞がつく**。例えば、la tour Eiffel（エッフェル塔）や la lune（月）、le soleil（太陽）、l'univers（宇宙）などがある。

一方、B のように、名詞が**他の名詞や節によって限定され、特定化されている場合**も定冠詞を使う。

ただし、他の名詞や節によって限定されていなくても、文脈から明らかに特定できる場合には定冠詞が使われる。例えば、Où est la clé ?「あのカギはどこ？」で定冠詞が使われるのは、話し手にとって具体的にどの鍵を探しているのかがはっきりとイメージされているからである。また、J'habite près de l'université.「私は大学の近くに住んでいます。」と言えば、ここでの「大学」は話し手が通っている大学であると理解される。これに対し、不定冠詞を用いて J'habite près d'**une** université.「私は大学の近くに住んでいます。」と言った場合は、この大学は数ある大学の中の不特定の大学を指している。この場合、日本語では「私の住んでいるところの近くには大学があります。」としたほうが自然である。

会話では、初めて話題にのぼる名詞には不定冠詞や部分冠詞が用いられ、それ以降は定冠詞が用いられることがよくある。これは、何について話しているのかが話者のあいだで了解されているからである。

例：　J'achète **du** fromage（部分冠詞）.　　　　チーズを買います。
　　　Le fromage（定冠詞）vient de France.　　（その）チーズはフランス産のものです。

PRATIQUER 練習しよう!

I. 定冠詞の形

le, la, l', les のいずれかを使って完成させなさい。(m) は男性名詞、(f) は女性名詞、(p) は複数。

例：thé (m) → le thé

1. couleur (f, s) → _____
2. restaurant (m, s) → _____
3. animal (m, s) → _____
4. femmes (f, p) → _____
5. croissants (m, p) → _____
6. bibliothèque (f, s) → _____
7. touristes (m, p) → _____
8. chance (f, s) → _____
9. université (f, s) → _____
10. ami (m, s) → _____

II. 定冠詞 ①：対象を特定化して示す用法

適切な定冠詞を入れて完成させなさい。

例：Il regarde une carte. → Il regarde __la__ carte de France.

1. C'est une tour. → C'est _____ tour Eiffel.
2. C'est un temple. → C'est _____ temple Kiyomizu.
3. Ce sont des livres. → Ce sont _____ livres de René.
4. C'est une université. → C'est _____ université Doshisha.
5. C'est une maison. → C'est _____ maison de René.
6. C'est un château. → C'est _____ château de Versailles.
7. C'est un aéroport. → C'est _____ aéroport de Paris.

Point 2 | Cas général 定冠詞 ②：対象を総称的に示す用法

OBSERVER 観察しよう!

下の各太字部分の名詞について、[不定冠詞 / 部分冠詞 / 定冠詞] [男性形 / 女性形] [単数形 / 複数形 / どちらでもない] のそれぞれからふさわしいものを選んで ☑ をつけなさい．

Le matin, je prends **du café**.   私は朝にコーヒーを飲みます。

冠詞： ☐ 不定冠詞   ☐ 部分冠詞   ☐ 定冠詞
性： ☐ 男性形   ☐ 女性形
数： ☐ 単数形   ☐ 複数形   ☐ どちらでもない

J'aime **le café**.   私はコーヒーが好きです。

冠詞： ☐ 不定冠詞   ☐ 部分冠詞   ☐ 定冠詞
性： ☐ 男性形   ☐ 女性形
数： ☐ 単数形   ☐ 複数形   ☐ どちらでもない

J'aime **les** mandarines.

私はみかんが好きです。

冠詞： ☐ 不定冠詞　☐ 部分冠詞　☐ 定冠詞
性： ☐ 男性形　☐ 女性形
数： ☐ 単数形　☐ 複数形　☐ どちらでもない

En hiver, je mange **des** mandarines.

私は冬にみかんを食べます。

冠詞： ☐ 不定冠詞　☐ 部分冠詞　☐ 定冠詞
性： ☐ 男性形　☐ 女性形
数： ☐ 単数形　☐ 複数形　☐ どちらでもない

COMPRENDRE 理解しよう！

I. 定冠詞 ②：対象（人・事物）を総称的に示す用法

Les Français aiment le vin.

フランス人はワインが好きです。

Nous aimons le football.

僕たちはサッカーが好きです。

La vie est belle !

人生は美しい！

あるものを「総称的な（一般的な）意味で話す」ときにも定冠詞を用いる。

例えば、Les Français aiment le vin.「フランス人はワインが好きです。」という表現では、定冠詞はフランス人全般とワイン（という飲み物）全般を指している。

特に、aimer（〜が好きだ）、préférer（〜の方が好きだ）という動詞には定冠詞がよく用いられる。「私はコーヒーが好きです。」は J'aime le café.（定冠詞）、「私は野球が好きです。」は J'aime le baseball.（定冠詞）というのがふつうである。

* なお、食べ物の好き嫌いをいうときの定冠詞の単数 / 複数の使い分けには注意が必要である。J'aime les lapins.「うさぎが好きです。」と言った場合は、「うさぎを可愛らしいと思っている」という意味になる。それに対して、J'aime le lapin.「うさぎが好きです。」と言った場合は、「うさぎを食べ物としておいしいと思っている」という意味になる。冠詞の選択ひとつでフランス語の意味が変わってしまうのである！ 詳しくは「理解を深めるために」を参照。

II. 定冠詞の否定

不定冠詞や部分冠詞と違って、定冠詞は否定文の中でも形が変わらない。

例：　René aime **le** fromage.　　　　ルネはチーズが好きです。

　　　Élise n'aime pas **le** fromage.　　エリーズはチーズが好きではありません。

PRATIQUER　練習しよう!

I. 定冠詞 ②：対象を総称的に示す用法

A 例にならって、空欄に「定冠詞 + 名詞」を書き入れなさい。

例：Je mange du pain.　　　　　　　→　J'aime le pain.

1. Je mange du riz.　　　　　　　　→　J'aime _____
2. Je mange de la soupe de miso.　→　J'aime _____
3. Je mange du poisson.　　　　　　→　J'aime _____
4. Je mange un yaourt.　　　　　　 →　J'aime _____
5. Je mange un fruit.　　　　　　　　→　J'aime _____
6. Je mange des céréales.　　　　　→　J'aime _____
7. Je mange des œufs.　　　　　　　→　J'aime _____

B ふさわしい冠詞を入れなさい。

1. J'aime le pain.　　　　　→　Je mange _____ pain.
2. J'aime la viande.　　　　→　Je mange _____ viande.
3. J'aime les fruits.　　　　→　Je mange _____ fruits.
4. J'aime la musique.　　 →　J'écoute _____ musique.

II. 定冠詞の否定

ふさわしい冠詞を入れなさい。

1. Je n'aime pas le pain.　　　　　　　　　　　→　Je ne mange pas _____ pain.
2. Il est végétarien, il n'aime pas la viande.　→　Il ne mange pas _____ viande.
3. Élise n'aime pas l'alcool.　　　　　　　　　 →　Élise n'achète pas _____ alcool.
4. Vous avez des amis ?　　　　　　　　　　　→　Non, je n'ai pas _____ amis, je suis solitaire.

フランスの窓

南西部のラングドック地方の郷土料理カスレ（cassoulet）。豆とソーセージや豚肉をメインにカソールという専用の土鍋で作る。食べ応えのあるフランス伝統料理の代表格。

南東部の地中海沿岸地域の料理ブイヤベース（bouillabaisse）。海産物とトマトなどの野菜、ハーブを煮込んで作る。マルセイユの名物。

アルザス地方の料理シュークルート・ガルニ（choucroute garnie）。キャベツを乳酸発酵させて作るシュークルートに、ベーコン、ソーセージ等やじゃがいもをそえる。

冠詞の使い分け

フランス語では3種類の冠詞（不定冠詞、部分冠詞、定冠詞）が使われ、その名詞が文脈の中でどのような意味で使われているのかを特定・限定する目印の役割を果たす。その使い分けの基準は、主に以下の3つである。

A 総称的に（抽象的）に捉えているか（定冠詞の総称的な用法）　　具体的に捉えているか（不定冠詞、部分冠詞）

> 抽象的な「紅茶」という飲み物全般（定冠詞）
> J'aime le thé.
> 私は紅茶が好きです。

⟷

> 具体的な一杯の紅茶（不定冠詞）
> Je prends un thé.
> 私は紅茶を一杯飲んでいます。

B 特定されているか（定冠詞の特定的な用法）　　特定されていないか（不定冠詞、部分冠詞）

> 特定の寺（定冠詞）
> Je visite le temple Kiyomizu.
> 私は清水寺を訪れます。

⟷

> 非特定の寺（不定冠詞）
> Je visite un temple.
> 私はある寺を訪れます。

C 全体を表しているか（不定冠詞）　　部分を表しているか（部分冠詞）

> 魚のまるごと全部（不定冠詞）
> Je mange un poisson.
> 私は魚を一匹〔＝全部を〕食べます。

⟷

> 魚の一部分（部分冠詞）
> Je mange du poisson.
> 私は魚の切り身〔＝一部を〕食べます。

フランスの窓

物理学者・化学者のマリ・キュリー（1867年生～1934年没）。生誕時のポーランド語名はマリア・スクウォドフスカ。ロシア帝政下のワルシャワに生まれ、窮乏生活の後、23歳でパリに移りソルボンヌ大学で学ぶ。ラジウム・ポロニウムという2種の放射性物質の発見など多数の功績を残し、物理学および化学の2つのノーベル賞を受賞した。

小説家のミラン・クンデラは、1929年にチェコスロバキアの都市ブルノに生まれるが、反政府運動の末、フランスに亡命し1991年に市民権を得る。『存在の耐えられない軽さ』(1984年) などが世界的ベストセラーに。『不滅』(1990年) を皮切りに、母語のチェコ語ではなくフランス語で小説や評論を執筆している。

マルク・シャガール（1887年生～1985年没）は、帝政ロシア領ヴィテブスク（現ベラルーシ）に生まれたユダヤ系の画家。パリと故郷を行きつ戻りつし、更にアメリカへの亡命も経て、1950年から南仏に居を定めフランス国籍を取得。ニースにある国立マルク・シャガール美術館で、その幻想的な作品世界に浸ることができる。

Les prépositions, le futur proche et les pronoms toniques　8

前置詞、近接未来、強勢形人称代名詞

この課では、移動を示す重要動詞 aller（行く）、venir（来る）の活用を学ぶとともに、それらの動詞と一緒に使われ、人や物を位置付けるのに不可欠な基本的な前置詞をとりあげる。さらに前置詞と定冠詞が合体した特殊な形や、動詞 aller を使って近い未来を表す用法、フランス語特有の強勢形人称代名詞、助動詞として使われる pouvoir（〜できる）、vouloir（〜したい）、devoir（〜しなければならない）など学び、表現の幅を広げていこう。

- 不規則動詞 aller（行く）と venir（来る）
- 定冠詞の縮約
- -oir 動詞（pouvoir、vouloir、devoir）の活用

Point 1　Les prépositions　前置詞、不規則動詞 aller と venir

OBSERVER　観察しよう！

枠内のそれぞれのフランス語の例文を参考に、空欄に入る表現を考えてみよう。(m) は男性名詞、(f) は女性名詞、(s) は単数、(p) は複数。

I. 前置詞 à + 定冠詞

Je vais **à la** banque (f, s).	私は銀行に行きます。
Je suis **à la** banque.	私は銀行にいます。
Je vais **au** restaurant (m, s).	私はレストランに行きます
Je suis **au** restaurant.	私はレストランにいます。
Je vais **à l'**aéroport (m, s).	私は空港に行きます。
Je suis **à l'**aéroport.	私は空港にいます。
Je vais **aux** Champs Élysées (m, p).	私はシャンゼリゼ通りに行きます。
Je suis **aux** Champs Élysées.	私はシャンゼリゼ通りにいます。

ここに注目！

- à + la + 女性単数名詞
  → _____ + 女性単数名詞
- à + le + 男性単数名詞
  → _____ + 男性単数名詞
- à + l' + 母音で始まる単数名詞
  → _____ + 母音で始まる単数名詞
- à + les + 複数名詞
  → _____ + 複数名詞

II. 前置詞 de + 定冠詞

Je viens **de la** banque (f, s).	私は銀行から来ます。
Je viens **du** restaurant (m, s).	私はレストランから来ます。
Je viens **de l'**aéroport (m, s).	私は空港から来ます。
Je viens **des** Champs Élysées (m, p).	私はシャンゼリゼ通りから来ます。

ここに注目！

- de + la + 女性単数名詞
  → _____ + 女性単数名詞
- de + le + 男性単数名詞
  → _____ + 男性単数名詞
- de + l' + 母音で始まる単数名詞
  → _____ + 母音で始まる単数名詞
- de + les + 複数名詞
  → _____ + 複数名詞

COMPRENDRE 理解しよう！

I. 不規則動詞 aller（行く）と venir（来る）の活用

aller 行く	
je	vais
tu	vas
il / elle	va
nous	allons
vous	allez
ils / elles	vont

venir 来る	
je	viens
tu	viens
il / elle	vient
nous	venons
vous	venez
ils / elles	viennent

この２つの極めて重要な動詞はいずれも不規則な変化をする。aller は前置詞 à（〜へ、〜に）、venir は前置詞 de（〜から）と組み合わせて簡単な文章を作り、活用練習をするとよい。

発音に関しては次の２点に注意しよう。

- venir の１／２／３人称単数の発音は viens, vient [vjɛ̃]
  → 鼻母音あり
- venir の３人称複数の発音は viennent [vjɛn]
  → 鼻母音なし

II. 前置詞 à（〜へ、〜に）と de（〜から）、定冠詞の縮約

定冠詞の縮約	à との場合	de との場合
男性形単数	à + le → au	de + le → du
複数	à + les → aux	de + les → des

前置詞 à（〜へ、〜に）と de（〜から）が**男性形単数または複数の定冠詞（le / les）**の前に置かれると、左のように前置詞と定冠詞の縮約が起こる。

例： Il va **au** restaurant. 　　　　彼はレストランに行きます。
　　 Elle va **aux** Champs Élysées. 　彼女はシャンゼリゼ大通りに行きます。
　　 Il vient **du** restaurant. 　　　彼はレストランから来ます。
　　 Elle vient **des** Champs Élysées. 彼女はシャンゼリゼ大通りから来ます。

ただし、母音および無音の h で始まる男性単数名詞の場合、縮約はせず、à l'、de l' となる。

例： Je vais **à l'**aéroport. 　　　私は空港に行きます。
　　 Elle revient **de l'**hôpital. 　彼女は病院から戻ります。

また、定冠詞の女性形単数 la は縮約せず、à + la → à la、de + la → de la となる。

例： Pierre va **à la** bibliothèque. 　ピエールは図書館に行きます。
　　 Élise vient **de la** gare. 　　　エリーズは駅から来ます。

その他の前置詞

à と de の他によく使われる前置詞としては、以下のようなものがある。

> en（〜へ／〜に）, dans（〜の中へ／〜の中に）, par（〜を通って），
> chez（〜の家に），avec（〜と一緒に），pour（〜のために）

なお、これらの前置詞については定冠詞との間に縮約は生じない。詳しくは「理解を深めるために」を参照。

PRATIQUER 練習しよう!

I. 不規則動詞 aller と venir の活用

A 動詞 aller を活用させなさい。

1. Je _____ à Strasbourg.
2. Tu _____ à Nice.
3. Il _____ à Lyon.
4. Nous _____ à Bordeaux.
5. Vous _____ à Marseille.
6. Ils _____ à Lille.

B 動詞 venir を活用させなさい。

1. Je _____ de Londres.
2. Nous _____ d'Athènes.
3. Tu _____ de Berlin.
4. Vous _____ de Vienne.
5. Il _____ de Rome.
6. Ils _____ de Pékin.

II. 定冠詞の縮約

A à la, au, à l', aux のいずれかを使って空欄を埋めなさい。

Ils vont
- _____ supermarché.
- _____ université.
- _____ poste.
- _____ église.
- _____ Champs Élysées.

B de la, du, de l', des のいずれかを使って空欄を埋めなさい。

Vous venez
- _____ supermarché.
- _____ université.
- _____ poste.
- _____ église.
- _____ Champs Élysées.

Point 2) Le futur proche 近接未来

OBSERVER 観察しよう!

Je mange au restaurant.	私はレストランで食事をします。
Je **vais manger** au restaurant.	私はレストランで食事をするつもりです。
Tu travailles dans un café ?	あなたはカフェで働いてるの？
Tu **vas travailler** ce soir ?	あなたは今晩働くの？
Ils font du tennis.	彼らはテニスをします。
Ils **vont faire** du tennis dimanche.	彼らは日曜日にテニスをするつもりです。
On ne part pas.	私達は出発しません。
On ne **va** pas **partir** demain.	私達は明日出発しません。

ここに注目!

日本語訳を参照しながら、現在時制の文の動詞に下線を引きなさい。太字になっている未来時制（近接未来）の文において、それらがどのような形に変わっているかに注目しなさい。

cinquante-huit • 58　第8課：前置詞、近接未来、強勢形人称代名詞

COMPRENDRE 理解しよう！

近接未来

近接未来 = aller の現在形 + 動詞の不定詞

「〜するつもりだ」という意味を表す近接未来は、助動詞に aller を用いて現在形で活用させる。本来の動詞は不定詞のまま aller の後に置く。

この近接未来は、日常会話で頻繁に使用される。

例： Le train **va partir** dans 5 minutes.
電車が5分後に発車します。

Attention, tu **vas tomber** !
気をつけて、転ぶよ！

なお、否定文は助動詞 aller を活用した部分だけを ne...pas ではさんで作る。

例： Je **ne vais pas** aller au cinéma.
私は映画に行きません。

近接未来の活用例：travailler 働く

主語人称代名詞	aller の現在形	動詞の不定詞
je	vais	
tu	vas	
il / elle	va	+ travailler
nous	allons	
vous	allez	
ils / elles	vont	

PRATIQUER 練習しよう！

近接未来

A 例にならって、近接未来の文を作りなさい。

例：travailler (je) → Je vais travailler.

1. dormir (il) → _____
2. faire (nous) → _____
3. sortir (vous) → _____
4. rester (je) → _____
5. étudier (elle) → _____
6. aller (elles) → _____

B 正しい文となるように線でつなぎなさい。

1. Tu ・　・ va partir.
2. Nous ・　・ vont manger dans une heure.
3. Le train ・　・ vais revenir à la maison vers 8 heures.
4. Vous ・　・ allons chercher un nouvel appartement.
5. Ils ・　・ vas avoir faim si tu ne manges pas.
6. Je ・　・ allez changer de travail.

第 8 課：前置詞、近接未来、強勢形人称代名詞

Point 3 : Les pronoms toniques　強勢形人称代名詞

 OBSERVER　観察しよう！

Qui fait la cuisine ?	誰が料理をするの？
— C'est moi.	私です。
Moi, j'habite à Paris. Et toi ?	私はね、パリに住んでいるの。君は？
— Moi aussi.	私もです。
Tu viens chez moi ?	私の家に来る？

ここに注目！

主語人称代名詞 je に対応する強勢形人称代名詞は moi、tu に対応する強勢形人称代名詞は toi である。左のフランス語文中の強勢形人称代名詞とその日本語訳の部分を□で囲みなさい。

 COMPRENDRE　理解しよう！

強勢形人称代名詞

主語人称代名詞	強勢形人称代名詞
je	moi
tu	toi
il	lui
elle	elle
nous	nous
vous	vous
ils	eux
elles	elles

フランス語には第1課で学習した主語人称代名詞以外に、左のような強勢形人称代名詞がある。以下のような場合に用いられる。

前置詞の後で

Tu viens avec **moi** ?	君は私と来る？
C'est un cadeau pour **toi**.	それは君へのプレゼントだよ。
René rentre chez **lui**.	ルネは彼の家に帰る。

c'est ... / ce sont ... の構文で

C'est **toi** sur la photo ?	その写真に写っているのは君？
— Oui, c'est **moi**.	うん、私だよ。

他の人と比較・対照して述べるとき、主語の代名詞の前に置かれる

Moi, j'adore le chocolat blanc.	私は、ホワイトチョコレートが大好きです。
Toi, tu préfères le chocolat noir.	君は、ブラックチョコレートの方が好きです。

Moi aussi / Moi non plus / Et toi ? など

J'aime beaucoup le chocolat.　— **Moi** aussi !	私はチョコレートが大好きです。　—私も！
Je ne fais pas de sport.　— **Moi** non plus ...	私はスポーツをしません。　—私も（しません）……
Je vais au café. Et **toi** ?	私は喫茶店に行きます。君は？

soixante・60　第8課：前置詞、近接未来、強勢形人称代名詞

PRATIQUER 練習しよう！

強勢形人称代名詞

A 空欄に正しい強勢形人称代名詞を入れなさい。

1. _____ , je suis étudiante.
2. Et _____ , tu es étudiante aussi ?
3. _____ , il fait du foot.
4. _____ , elle fait du tennis.
5. _____ , nous allons à la montagne en été.
6. Et _____ , vous allez à la mer ?
7. _____ , ils aiment la campagne.
8. _____ , elles préfèrent la ville.

B 空欄に正しい強勢形人称代名詞を入れなさい。

1. Sur cette photo, c'est ton père ?　－ Oui, c'est _____ .
2. Sur cette photo, c'est moi ?　－ Oui, c'est _____ .
3. Tu vas chez Élise ?　－ Oui, je vais chez _____ .
4. Élise sort avec ses amis ?　－ Oui, elle sort avec _____ .
5. C'est un cadeau pour toi.　－ C'est pour _____ ?

C 例にならって空欄に正しい強勢形人称代名詞を入れなさい。

例：C'est ton sac ?　　　－ Oui, c'est à moi .*
これは君のカバン？　　　そう、わたしのです。

＊ être + 前置詞 à + 強勢形人称代名詞で所有を表す：「～のもの」

1. C'est la villa de tes parents ?　－ Oui, c'est à _____ .
2. C'est le portable de René ?　　－ Oui, c'est à _____ .
3. C'est votre valise ?　　　　　　－ Oui, c'est à _____ .
4. C'est la voiture de Louise ?　　－ Oui, c'est à _____ .

フランスの窓

作曲家ジョルジュ・ビゼー（1838年生～1875年没）はスペインのセビーリャを舞台としたオペラ「カルメン」（上の写真）や南仏アルルが舞台のオペラ「アルルの女」などで有名。親しみやすいメロディーの曲が多く、日本でもよくCMなどに使われている。36歳で夭折。

作曲家クロード・ドビュッシー（1862年生～1918年没）はジャンルを超えて20世紀の音楽家に多大な影響を及ぼした。ピアノ曲「ベルガマスク組曲」、管弦楽曲「牧神の午後への前奏曲」など有名。ユーロ導入前の1981年から2002年の間、20フラン紙幣の顔ともなっていた。

作曲家モーリス・ラヴェル（1875年生～1937年没）はスペインにほど近いバスク地方で生まれる。まずは、ピアノ曲及び管弦楽曲「亡き王女のためのパヴァーヌ」やバレエ曲「ボレロ」（上の写真）などが聴きやすいかもしれない。

前置詞 à と de：都市名、国名と大陸名

前置詞 à と de を都市名、国名や大陸名と共に使う場合の定冠詞の有無は以下のようになる。

- 前置詞 à と de + 都市名　　　→　**無冠詞**
- 前置詞 à と de + 国名、大陸名　→　**定冠詞をつけ、縮約する**：　子音で始まる男性名詞（単数）、複数形の名詞
　　　　　　　　　　　　　　　　　無冠詞：　　　　　　　　母音で始まる男性名詞（単数）、女性名詞（単数）

都市 / 国名 / 大陸名	à（〜へ）	de（〜から）
都市名 　Paris, Osaka	à（無冠詞） à Paris, à Osaka	de（無冠詞） de Paris, d'Osaka
国名：子音で始まる男性名詞（単数）の場合 　le Japon, le Canada	au au Japon, au Canada	du du Japon, du Canada
国名：母音で始まる男性名詞（単数）の場合 　l'Iran, l'Afghanistan	en（無冠詞） en Iran, en Afghanistan	d'（無冠詞） d'Iran, d'Afghanistan
国名：女性名詞（単数）の場合 **大陸名** * 大陸名は常に女性名詞である。 　la France, l'Espagne, l'Europe	en（無冠詞） en France, en Espagne, en Europe	de（無冠詞） de France, d'Espagne, d'Europe
国名：男性・女性名詞（複数）の場合 　les Philippines, les États-Unis	aux aux Philippines, aux États-Unis	des des Philippines, des États-Unis

EXERCICE

A 例に従って書きなさい。

例：Kyoto / Japon　　　　　→　Kyoto est au Japon.

1. Berlin / Allemagne　　→ _____
2. Montréal / Canada　　→ _____
3. Pékin / Chine　　　　→ _____
4. Orléans / France　　　→ _____
5. Séoul / Corée　　　　→ _____
6. Miami / États-Unis　　→ _____

B de, d', des のいずれかを使って空欄を埋めなさい。

1. Je suis allemand, je viens _____ Francfort.
2. Elle vient _____ Canada.
3. Mon ami vient _____ Italie.
4. Ce fromage vient _____ France.
5. Ce vol vient _____ Osaka.
6. Cette musique vient _____ États-Unis.

-oir 動詞（pouvoir, vouloir, devoir）の活用

-oir 動詞には次のようなものがある。

	pouvoir ～できる	vouloir ～を欲する	devoir ～しなければならない
je	peux	veux	dois
tu	peux	veux	dois
il / elle	peut	veut	doit
nous	pouvons	voulons	devons
vous	pouvez	voulez	devez
ils / elles	peuvent	veulent	doivent

pouvoir, vouloir, devoir は他の動詞の不定詞と組み合わせて使われることも多いので、今のうちからしっかり覚えよう。否定文は以下のようになる。

肯定文	否定文	
Je veux manger.	Je **ne** veux **pas** manger.	✕ Je ne veux manger pas.
Il peut sortir.	Il **ne** peut **pas** sortir.	✕ Il ne peut sortir pas.
Elles doivent choisir.	Elles **ne** doivent **pas** choisir.	✕ Elles ne doivent choisir pas.

EXERCICE

A 動詞 pouvoir を活用させて空欄に入れなさい。

1. Nous _____ faire cet exercice.
2. Tu _____ finir ton travail ?
3. Elle ne _____ pas sortir demain.
4. Ils _____ prendre le bus de 7 heures.
5. Je _____ essayer ce pantalon ?
6. Oui, vous _____ utiliser la cabine 4.

B 動詞 vouloir を活用させて空欄に入れなさい。

1. Tu _____ un café ?
2. Vous _____ apprendre le français ?
3. Ils _____ visiter le musée du Louvre.
4. Je ne _____ pas partir demain.
5. Nous _____ changer de quartier.
6. Elle _____ être actrice.

C 動詞 devoir を活用させて空欄に入れなさい。

1. Elle _____ étudier pour son test.
2. Le train arrive, je _____ partir.
3. Nous _____ réfléchir à cette question.
4. Pour réussir, vous _____ travailler.
5. Pour maigrir, tu _____ faire du sport.
6. Je ne _____ pas manger de sucre.

第 **8** 課：前置詞、近接未来、強勢形人称代名詞

L'interrogation 疑問詞

第3課では Oui / Non の二択で答える疑問文の作り方を学んだが、この課では、様々な疑問詞を使った疑問文の作り方を学ぶ。それらの疑問詞を使うことによって、場所、時、手段や性質、数や量、理由、誰、何など様々な情報を聞き出すことが可能になる。英語と似たようなつくり方をするものもあれば、少し異なるものもあるので、ひとつひとつ注意しながら学んでいこう。コミュニケーションにおいてはきちんと相手に質問をし、また相手の質問に答えるというプロセスが重要であるので、そのために必要なツールをしっかりと身につけておこう。

- 疑問詞 où（どこ）, quand（いつ）, comment（どんな）, combien（どのくらい）, pourquoi（なぜ）
- 疑問詞 qui（誰）, que / quoi（何）
- 疑問形容詞 quel（どの～、何～）

Point 1 L'interrogation 疑問詞：où, quand, comment, combien, pourquoi

OBSERVER 観察しよう！

Mario :	**Où est-ce qu'**on sort ce soir ?	今晩どこに出かける？
Charlotte :	Au restaurant « le Comptoir ».	レストラン「le Comptoir」に。
Mario :	C'est **où** ?	それはどこ？
Charlotte :	C'est à Odéon.	オデオン駅界隈よ。
Mario :	**Quand est-ce que** tu es libre ?	いつ暇なの？
Charlotte :	(Je suis libre) Après sept heures.	7時以降（は暇だよ）。
Mario :	Je peux passer **quand** chez toi ?	君の家に行ってもいいのはいつ？
Charlotte :	À sept heures et demie.	7時半ね。
Mario :	**Comment est-ce qu'**on va à ce restaurant ?	そのレストランにはどうやっていくの？
Charlotte :	On prend la ligne 10 du métro.	地下鉄の10番線で。
Mario :	Le restaurant s'appelle **comment** ? Tu peux répéter ?	レストランはどういう名前？もう1回言ってくれる？
Mario :	**Pourquoi est-ce que** tu veux aller à ce restaurant ?	なぜそのレストランに行きたいの？
Charlotte :	Parce que c'est très connu.	すごく有名だからよ。
Mario :	**Pourquoi** c'est connu ?	なんで有名なの？
Charlotte:	Parce que la cuisine est très bonne.	料理がとても美味しいからね。
Mario :	C'est **combien** par personne ?	（値段は）1人どれくらい？
Charlotte :	C'est 40 euros.	40ユーロだよ。
Mario :	C'est cher !	それは高いよ！
Charlotte :	**Combien est-ce que** tu peux payer ?	いくらなら払えるの？
Mario :	30 euros maximum.	30ユーロまでだよ。

ここに注目！

左ページのテキストを参照しながら、以下の空欄を埋めなさい。

- 「場所」をたずねるとき疑問詞は _____
- 「時」をたずねるときの疑問詞は _____
- 「方法」をたずねるときの疑問詞は _____
- 「理由・原因」をたずねるときの疑問詞は _____
- 「数・量」をたずねるときの疑問詞は _____
- est-ce que (qu') は疑問詞の _____ に置く

COMPRENDRE　理解しよう！

疑問詞： où（どこ）, quand（いつ）, comment（どんな）, combien（どのくらい）, pourquoi（なぜ）

疑問詞を使った疑問文の作り方は、ていねいさのニュアンスによって以下の3通りがある。

ていねいさのニュアンス	語順	例文	
標準的な言い方 ① *	主語 + 動詞 + 疑問詞	Tu vas où ?	君はどこに行くの？
標準的な言い方 ②	疑問詞 + est-ce que + 主語 + 動詞	Où est-ce que tu vas ?	君はどこに行くの？
ややかたい言い方	疑問詞 + 動詞 + 主語（倒置）	Où vas-tu ?	君はどこに行きますか？

* ややくだけた言い方。また、疑問詞 + 主語 + 動詞（Où tu vas?）という語順も日常的に使われるが、さらにくだけた言い方になる。

この3通りの作り方を、疑問詞 où（どこ）, quand（いつ）, comment（どんな）, combien（どのくらい）, pourquoi（なぜ）のそれぞれに適用すると以下のようになる。

フランス語	日本語 / 英語	標準的な言い方 ①：主語 + 動詞 + 疑問詞	標準的な言い方 ②：疑問詞 + est-ce que + 主語 + 動詞	ややかたい言い方：疑問詞 + 動詞 + 主語（倒置）
où	どこに、どこへ、どこ（から）／ where	Tu vas où ? 君はどこへ行くの？ Tu viens d'où ?* 君はどこから来ているの？	Où est-ce que tu vas ? 君はどこへ行くの？ D'où est-ce que tu viens ? 君はどこから来ているの？	Où vas-tu ? 君はどこへ行きますか？ D'où viens-tu ? 君はどこから来ているのですか？
quand	いつ／ when	Vous partez quand ? あなたはいつ出発するの？	Quand est-ce que vous partez ? あなたはいつ出発するの？	Quand partez-vous ? あなたはいつ出発されますか？
comment	どうやって、どのような／ how	Elle vient comment ? 彼女はどうやって来るの？	Comment est-ce qu'elle vient ? 彼女はどうやって来るの？	Comment vient-elle ? 彼女はどうやって来るのですか？
combien	いくら、どのくらい／ how much / how many	Vous êtes combien ? （レストランなどで）何名様？	Combien est-ce que vous êtes ? 何名様ですか？	Combien êtes-vous ? 何名様でいらっしゃいますか？
combien de + 名詞	いくつの〜／ how much... / how many...	Tu as combien de cours ? 君は授業を何コマとっているの？	Combien de cours est-ce que tu as ? 君は授業を何コマとっているの？	Combien de cours as-tu ? 君は授業を何コマとっていますか？
pourquoi	なぜ／ why	Tu achètes ça pourquoi ?** 君はどうしてそれを買うの？	Pourquoi est-ce que tu achètes ça ? 君はどうしてそれを買うの？	Pourquoi achètes-tu ça ? 君はなぜそれを買うんですか？

第9課：疑問詞

* d'où / combien de cours / combien de fois など疑問詞が前置詞や他の単語とひとまとまりになって切り離されずに使用される場合に注意。英語では Where do you come from? のように疑問詞 where と前置詞 from を切り離すが、フランス語では決して切り離さず Tu viens d'où ? や D'où viens-tu ? のようにする。Où tu viens de ? とは決して言わない。

** Pourquoi については、日常的にはこのように文末に置かれるよりも Pourquoi tu achètes ça ? のように、疑問詞を文頭において倒置をしない言い方のほうが好まれる。なお、Pourquoi ... ? と理由を聞く疑問文には、**parce que ...**「なぜなら〜だから」で答えるのが基本である。

PRATIQUER 練習しよう！

疑問詞 où, quand, comment, combien, pourquoi

A 疑問詞 où を使って下線部を問う文を作りなさい。

1. Je vais <u>chez mes parents</u>.

2. Nous allons <u>au cinéma</u>.

3. Ils arrivent <u>à Osaka</u>.

4. Je travaille <u>à la bibliothèque</u>.

B 疑問詞 quand を使って下線部を問う文を作りなさい。

1. Il revient <u>demain</u>.

2. Je prends des vacances <u>en septembre</u>.

3. Nous arrivons <u>dans une semaine</u>.

C 疑問詞 comment を使って下線部を問う文を作りなさい。

1. J'apprends l'anglais <u>avec une étudiante anglaise</u>.

2. Je vais à la fac <u>à pied</u>.

3. Mon voisin est <u>sympathique</u>.

D 疑問詞 pourquoi を使って下線部に示された理由を問う文を作りなさい。

1. Je reste chez moi ce soir <u>parce que je suis fatigué</u>.

2. J'apprends le français <u>parce que j'ai un ami français</u>.

3. Je rentre à huit heures <u>parce que je dois préparer un examen</u>.

E 疑問詞 combien を使って文を完成させなさい。

1. _____ est-ce que tu as dans ton portefeuille ? — J'ai cinquante euros.
2. [Au restaurant] Vous êtes _____ ? — On est quatre.
3. C'est _____ , ce livre ? — C'est 50 euros.

F 問と答えが合うようにつなぎなさい。

1. Où est-ce que tu vas ?　　　　　　　　　　・　　・ À 20 heures.
2. Comment est-ce que tu vas à l'université ?　・　　・ Parce qu'il n'est pas libre.
3. Quand est-ce que le film commence ?　　　・　　・ Nous sommes cinq.
4. Combien êtes-vous ?　　　　　　　　　　　・　　・ Je vais chez le médecin.
5. Pourquoi est-ce qu'il ne vient pas ?　　　　 ・　　・ Je prends le métro.

Point 2 — L'interrogation　疑問詞：qui, que / quoi

OBSERVER 観察しよう！

Qui habite dans cet appartement ?	この部屋に住んでいるのは誰ですか？
— Jean et Pauline (habitent dans cet appartement).	ジャンとポーリーヌ（がこの部屋に住んでいます）。
Qui veut un café ?	コーヒーを欲しい人は誰？
— Moi !	私です！
Tu invites **qui** ?	君は誰を誘うの？
— J'invite mes voisins.	近所の人たちを誘うよ。
Qui est-ce ?	あれは誰？
— C'est Lucien, un ami de la fac.	あれはルシアンだよ、大学の友達なんだ。
Qu'est-ce que tu regardes ? / Tu regardes **quoi** ?*	君は何を観ているの？
— Je regarde un film français.	私はフランス映画を観ているよ。
Qu'est-ce que c'est ? / C'est **quoi** ?*	それは何？
— C'est un cadeau pour toi.	君へのプレゼントだよ。

＊ よりくだけた言い方

ここに注目！

上のテキストを参照しながら、以下の空欄を埋めなさい。

- 「誰」とたずねる時に使う疑問詞は _____
- 「何」とたずねる時の疑問詞は _____ と _____
- qu'est-ce que は文の _____ に置く
- quoi は動詞の _____ に置く

第 **9** 課：疑問詞

COMPRENDRE 理解しよう!

I. 疑問詞 qui（誰）

A 「誰が」 疑問詞 qui が文の主語になる場合：語順は「疑問詞 qui + 動詞（常に3人称単数の形）」

Qui habite dans cet appartement ?　　→　　Jean et Pauline* (habitent dans cet appartement).
この部屋には誰が住んでいるの？　　　　　　　　　　　ジャンとポーリーヌ（がこの部屋に住んでいるよ）。

* Qui のかわりに Qui est-ce qui を使い、Qui est-ce qui habite dans cet appartement ? とすることもできる。詳しくは「理解を深めるために」を参照。

B 「誰を」 疑問詞 qui が文の直接目的補語になる場合：以下の3通りの語順で表現できる

	語順	例文	
標準的な言い方 ①	主語 + 動詞 + 疑問詞 qui	Tu invites qui ?	君は誰を誘うの？
標準的な言い方 ②	疑問詞 qui + est-ce que + 主語 + 動詞	Qui est-ce que tu invites ?	君は誰を誘うの？
ややかたい言い方	疑問詞 qui + 動詞 + 主語（倒置）	Qui invites-tu ?	君は誰を誘うのですか？

C 「これは誰ですか」：以下の2通りの語順で表現できる

標準的な言い方	疑問詞 qui + est-ce	Qui est-ce ?	これは誰ですか？
ややくだけた言い方	C'est + 疑問詞 qui	C'est qui ?	これは誰？

II. 疑問詞 que / quoi（何）

A 「何を」 疑問詞 que が文の直接目的補語になる場合：以下の3通りの語順で表現できる

標準的な言い方	疑問詞 qu' + est-ce que + 主語 + 動詞 (qu' = que)	Qu'est-ce que tu regardes ?	何を観ているの？
ややくだけた言い方	主語 + 動詞 + 疑問詞 quoi*	Tu regardes quoi ?	何を観ているの？
ややかたい言い方	疑問詞 que + 動詞 + 主語（倒置）	Que regardes-tu ?	何を観ているのですか？

* 疑問詞がこのように動詞の後に置かれる場合は、que ではなく quoi が使われる。
*「何が」（疑問詞 que が文の主語になる場合）という、モノを主語にする疑問文は稀なので、ここでは扱わない。詳しくは「理解を深めるために」を参照。

B 「これは何ですか」：以下の2通りの語順で表現できる

標準的な言い方	疑問詞 qu' + est-ce que + c'est (qu' = que)	Qu'est-ce que c'est ?	これは何ですか？
ややくだけた言い方	C'est + 疑問詞 quoi	C'est quoi ?	これは何？

PRATIQUER 練習しよう！

疑問詞 qui, que / quoi

A 疑問詞 qui を使って下線部を問う文を作りなさい。

例：Jean et Pauline habitent à Cannes. → Qui habite à Cannes ?

1. Sophie travaille à Tokyo. → ....
2. Les étudiants écoutent le professeur. → ....
3. Vincent regarde Sophie. → ....
4. Les garçons admirent les joueurs de foot. → ....
5. C'est Vincent, le copain de Sophie. → ....

B 疑問詞 qu'est-ce que および quoi を使って下線部を問う文を作りなさい。

例：Je regarde un DVD. → Qu'est-ce que tu regardes ? / Tu regardes quoi ?

1. Ils prennent un café. → ....
2. Nous écoutons une sonate de Debussy. → ....
3. C'est une clé USB. → ....
4. Je choisis une salade de fruits. → ....
5. Il cherche son portable. → ....
6. Elles achètent des chocolats. → ....

Point 3　L'interrogation　疑問形容詞：quel

OBSERVER 観察しよう！

Tu choisis **quel** dessert（男性単数）？	どのデザートにする？
Tu aimes **quelle** actrice（女性単数）？	どの女優が好き？
Tu cherches **quels** documents（男性複数）？	どの資料（複数）を探してるの？
Tu veux **quelles** chaussures（女性複数）？	どの靴（複数）が欲しい？

ここに注目！

上のテキストを参考に、疑問形容詞 quel に関して以下の空欄を埋めなさい。

- 疑問形容詞は修飾する名詞の .... と .... に応じて、以下の表のように変化する。

	単数	複数
男性形		
女性形		

第 **9** 課：疑問詞　　**69** • soixante-neuf

COMPRENDRE 理解しよう！

疑問形容詞 quel（どの〜、何〜）

	単数	複数
男性	quel	quels
女性	quelle	quelles

「どの / 何 + 名詞？」とたずねるときは疑問形容詞 quel を用いる。quel は、いくつかの選択肢の中から答えを選ぶような質問をするときによく使われる。quelle saison「どの季節？」（4つの季節からの選択）、quelle région「どの地域？」（いくつかの地域からの選択）など。

また、日本語で「何○○？」にあたる質問をするときにも使われることがある。quelle heure「何時？」、quel âge「何歳？」、quel jour「何曜日」など。

疑問形容詞という名称が示すとおり、quel は形容詞なので**たずねる対象の名詞の性数に応じて変化**する。

例： Tu choisis **quel** livre ?　　　　　どの本にする？
　　 Élise aime **quelle** ville ?　　　　エリーズはどの街が好きなのかな？
　　 Tu prends **quels** cours ?　　　　どの授業（複数）をとっているの？
　　 Tu as **quel** âge ?　　　　　　　　君は何歳？
　　 Il est **quelle** heure ?　　　　　　今、何時？
　　 Nous sommes **quel** jour ?　　　今日は何曜日？
　　 Quel est ton problème ?　　　　君の問題は何？

なお、他の疑問詞と同様に、以下の3つの言い方がある。

	語順	例文
標準的な言い方 ① *	主語 + 動詞 + 疑問形容詞 quel + 名詞	Tu choisis quel dessert ?* 君はどのデザートにするの？
標準的な言い方 ②	疑問形容詞 quel + 名詞 + est-ce que + 主語 + 動詞	Quel dessert est-ce que tu choisis ? 君はどのデザートにするの？
ややかたい言い方	疑問形容詞 quel + 名詞 + 動詞 + 主語（倒置）	Quel dessert choisis-tu ? 君はどのデザートにしますか？

* ややくだけた言い方。Quel dessert tu choisis ? とするとさらにくだけた言い方となる。

PRATIQUER 練習しよう！

疑問形容詞 quel

A 疑問形容詞 quel をふさわしい形にして入れなさい。

1. Il vient à _____ heure ?
2. Vous travaillez _____ jours ?
3. Kyoto est dans _____ région ?
4. _____ âge est-ce qu'il a ?
5. Vous venez _____ jour ?
6. Tu choisis _____ menu ?

B 疑問形容詞 quel をふさわしい形にして入れなさい。

1. Tu as _____ âge ?　　　　　　— J'ai 19 ans.
2. _____ est ton adresse ?　　　— 44, rue des Marronniers.
3. Nous sommes _____ jour ?　— Mardi.

4. Tu habites à _____ étage ?　— Au cinquième étage.
5. Tu travailles _____ jours ?　— Le lundi et le mercredi.
6. Il est _____ heure ?　— Il est cinq heures.

C 疑問形容詞 quel をふさわしい形にして入れて、問と答えを線でつなぎなさい。

1. _____ âge tu as ?　・　・ Au premier étage.
2. Vous prenez _____ bus ?　・　・ Le vendredi et le samedi.
3. Il est _____ heure ?　・　・ 45, rue des Plantes.
4. _____ est sa nationalité ?　・　・ Jeudi.
5. On a _____ places ?　・　・ J'ai 20 ans.
6. _____ est votre adresse ?　・　・ Française.
7. Vous habitez à _____ étage ?　・　・ Il est midi.
8. Nous sommes _____ jour ?　・　・ Le numéro 70.
9. Vous travaillez _____ jours ?　・　・ Les 7K et 8K.

フランスの窓

南仏のプロヴァンス地方にあるアヴィニョン教皇庁。14世紀に約70年間にわたり、カトリックの教皇がローマからアヴィニョンに移されていた時期があった。毎年7月に開催される演劇祭でも有名。

ガルグイユそしてシメールと呼ばれる奇怪な彫像群が、ノートルダム大聖堂からパリを見下ろす。19世紀の小説家ヴィクトル・ユゴー原作のディズニー映画「ノートルダムの鐘」にも登場した。

カルカソンヌの城塞。ワインの産地としても有名なフランス南西部ラングドック地方に位置する。二重の防壁で囲まれた城塞地区はシテ（Cité）と呼ばれ、中世の城塞都市の典型として、ユネスコの世界遺産に登録されている。

若者がSMSなどでやりとりをするときに、小難しいつづりを避けて略語表記を使うことがある。以前からあった省略語（beaucoup → bcp, toujours → tjs など）に加え、ces / c'est / sais → c といった新しい略語も生まれた。例えば、g 1 pb je c pas koman fer (= J'ai un problème, je ne sais pas comment faire.)「困ってるのだけどどうしたらいいかわからない」など。略語は便利だが、一方でフランス語の正しい綴り方や文法が軽視される風潮が生じ、教育現場や職場で問題になっている。

un ordinateur : コンピューター
le disque dur : ハードディスク
la souris : マウス
un logiciel : ソフト
le clavier : キーボード
un courriel : Eメール

日本語に比べフランス語には外来語が少ない。week-end「週末」やshopping「ショッピング」など、英語の単語がそのまま用いられている例もあるが少数派である。フランスの行政や教育期間は英語をそのままフランス語に入れるのを嫌い、フランス語の単語で置き換えようとするからである。例えば技術分野では、上のような英語の代替語が「新語」として制定され普及している。フランス政府やカナダのケベック州政府などは新語のリストを定期的に発表している。

奴隷制の時代にヨーロッパ系言語とアフリカ系言語が混淆し、そこからできあがってきた言語をクレオールと呼ぶ。例えば、カリブ海の島国ハイチで公用語となっているハイチ語は、フランス語とのクレオールである。次の文章がどういう意味か考えてみよう。
- Nou pa komprann
- Mwen palé kréyòl
（答え：Nous ne comprenons pas / Je parle créole）

Les verbes pronominaux 10

代名動詞

- 仕組みと用法
- 否定形
- 命令形

フランス語では日常生活の基本的な動作（起きる、シャワーを浴びる、服を着る、散歩をする、休む、寝る、など）を表す際に、「代名動詞」とよばれる独特の動詞の形が用いられる。代名動詞は、目的語の（再帰）代名詞と動詞がセットになって主語に合わせて活用されるもので、英語にはない動詞の形である。このタイプの動詞には、日常生活を描写する際に必ず必要となる動詞が数多く含まれる。初級会話でも頻繁に使われるので、今の段階からその活用パターンに十分習熟しておくことが望ましい。

Point 1 Formation et emploi 代名動詞の仕組みと用法

OBSERVER 観察しよう！

Je me lève à six heures. Je prends mon petit déjeuner. Je me prépare. Je sors à sept heures.

私は6時に起きます。朝食をとります。身支度をします。7時に家を出ます。

Tu te lèves à sept heures. Tu prends ton petit déjeuner. Tu te prépares. Tu sors à huit heures.

君は7時に起きます。朝食をとります。身支度をします。8時に家を出ます。

ここに注目！

下線部に注目し、そこに主語と動詞以外の要素があれば、それを囲みなさい。

COMPRENDRE 理解しよう！

I. 代名動詞の仕組み

代名動詞は、動詞が再帰代名詞とセットで使われ、それぞれ主語に合わせて変化するものである。

代名動詞の活用例：
se coucher 寝る

主語人称代名詞	再帰代名詞	動詞
je	me	couche
tu	te	couches
il / elle	se	couche
nous	nous	couchons
vous	vous	couchez
ils / elles	se	couchent

- 再帰代名詞 (me, te, se, nous, vous, se) は必ず主語の人称に合わせ、また動詞の前に置かれる。
- 動詞が母音もしくは無音の h で始まるときには me, te, se は m', t', s' となる。

  例： Je m'appelle Paul. 　私の名前はポールです。
  　　 Il s'habille rapidement. 　彼は早く着替えます。

- 辞書の項目では代名動詞は一般に3人称の再帰代名詞 se を付けて示される。

  例：　se lever（起きる）

以下のように、日常生活の基本的な動作を示す動詞の多くがこのタイプに属する。

> se réveiller（目を覚ます）, se lever（起きる）, se promener（散歩する）, s'habiller（服を着る）, se coucher（寝る）, se reposer（休む）, se maquiller（化粧をする）, se doucher（シャワーを浴びる）, se dépêcher（急ぐ）, s'appeler（呼ばれる、～という名前だ）, s'inquiéter（心配する）

II. 代名動詞の用法

代名動詞では、再帰代名詞が動詞の目的語になっていることから、逐語訳的には「自分自身を / に～する」となるが、実際は、あくまでも再帰代名詞と動詞はセットでひとつの意味を作っていると捉えてほしい。

例えば Je me lève. は、逐語訳的には「私自身を（me）私は起こす（je lève）」であるが、そのような分析的な捉え方をするよりも、「起きる」という意味をもつひとまとまりの動詞して捉え、覚えていったほうがよい。

例： Elle **s'appelle** Élise. Elle **se lève** à 7 heures, elle **se douche**, elle **se maquille**, ...
　　彼女の名前はエリーズです。彼女は7時に起きて、シャワーを浴びて、化粧をして……

　　Pendant les vacances, elle **se repose**. Elle va à la plage, elle **se baigne**, elle **se promène**, ...
　　休暇の間、彼女はゆっくりします。浜辺にいき、海水浴をし、散歩をして……

再帰代名詞を用いない場合と代名動詞として用いる場合の意味を比較すると、例えば次のようになる。

再帰代名詞を用いない場合			代名動詞として用いる場合	
appeler*	（～を呼ぶ）	→	s'appeler*	（～という名前である）
lever*	（～を起こす）	→	se lever*	（起きる）
doucher	（～をシャワーで洗う）	→	se doucher	（シャワーを浴びる）
maquiller	（～に化粧する）	→	se maquiller	（化粧をする）
reposer	（～を休ませる）	→	se reposer	（ゆっくり休む）
baigner	（～を水に浸す）	→	se baigner	（海水浴をする）
promener*	（～を散歩させる）	→	se promener*	（散歩する）

＊ 動詞 (s') appeler, (se) lever, (se) promener は第1群規則動詞であるが、一部の人称において語幹が少し変わるので注意。詳しくは20ページ参照。

PRATIQUER　練習しよう！

I. 再帰代名詞

再帰代名詞を入れて文を完成させなさい（動詞の意味を調べ、文全体の意味も確認すること）。

1. Tu _____ réveilles à 7 heures.
2. Vous _____ douchez le matin.
3. Nous _____ préparons rapidement.
4. Je _____ coiffe.
5. Sophie _____ maquille devant la glace.
6. Ils _____ reposent le dimanche.
7. René _____ couche à 23 heures.
8. Vous _____ dépêchez.
9. Tu _____ douches le matin.
10. Elles _____ couchent tôt.

第10課：代名動詞

II. 代名動詞の活用

次の代名動詞を活用させなさい。

se préparer 身支度をする
je
tu
il / elle
nous
vous
ils / elles

s'habiller 服を着る
je
tu
il / elle
nous
vous
ils / elles

Négation 代名動詞の否定形

 OBSERVER 観察しよう！

肯定文	否定文
Je mange.	Je ne mange pas.
Il dort.	Il ne dort pas.

肯定文	否定文
Je me prépare.	Je ne me prépare pas.
Tu t'habilles.	Tu ne t'habilles pas.
Vous vous reposez.	Vous ne vous reposez pas.

ここに注目！

上の文例の中で否定を示す語（否定辞）に下線を引きなさい。さらに、代名動詞の場合にはそれらの否定辞がどの位置に置かれているか観察しなさい。

 COMPRENDRE 理解しよう！

代名動詞の活用例：se lever 起きる

主語人称代名詞		再帰代名詞	動詞	
je		me	lève	
tu		te	lèves	
il / elle	ne	se	lève	pas
nous		nous	levons	
vous		vous	levez	
ils / elles		se	lèvent	

代名動詞の否定文を作るには、再帰代名詞と動詞の両方を ne pas で挟む。

例： Je ne me couche pas tard. 　私は夜更かしをしません。
× Je me ne couche pas tard.

Ils ne se reposent pas. 　彼らは休みません。
× Ils se ne reposent pas.

soixante-quatorze • 74　第 10 課：代名動詞

PRATIQUER 練習しよう！

代名動詞の否定形

A 例にならって、以下の代名動詞を1人称単数の肯定形と否定形で活用させなさい。

例：se promener → je me promène / je ne me promène pas

1. se coucher →
2. se lever →
3. se reposer →
4. se baigner →

B 否定文にしなさい。

1. Je me réveille à six heures. →
2. Tu te reposes. →
3. Nous nous couchons à minuit. →
4. Il s'appelle René. →
5. Ils se lavent. →
6. Nous nous réveillons à 6 heures. →
7. Elle se douche le matin. →
8. Ils se préparent rapidement. →
9. Je me coiffe. →

Point 3 Impératif 代名動詞の命令形

OBSERVER 観察しよう！

Maman :	Nicolas, lève-toi ! Prépare-toi ! Habille-toi !	ニコラ、起きなさい！準備しなさい！着替えなさい！
Nicolas :	Oui, maman.	はーい、ママ。
Maman :	Dépêche-toi !	急ぎなさい！

ここに注目！

上の例は代名動詞の命令文であるが、再帰代名詞はどうなっているか？その形と位置に注目しなさい。

COMPRENDRE 理解しよう!

I. 代名動詞の肯定命令形

代名動詞の肯定命令形では、再帰代名詞が動詞の後ろに置かれ、ハイフンで結ばれる。また、2人称単数の再帰代名詞は te ではなく toi となる。

肯定命令		
2人称単数　tu	1人称複数　nous	2人称複数　vous
Lève-toi.	Levons-nous.	Levez-vous.
Prépare-toi.	Préparons-nous.	Préparez-vous.

II. 代名動詞の否定命令形

一方、代名動詞の否定命令形では、再帰代名詞は動詞の前に置かれ、ne pas で挟まれる。

否定命令		
2人称単数　tu	1人称複数　nous	2人称複数　vous
Ne te lève pas.	Ne nous levons pas.	Ne vous levez pas.
Ne te prépare pas.	Ne nous préparons pas.	Ne vous préparez pas.

PRATIQUER 練習しよう!

代名動詞の命令形

A 適切な肯定命令形を書き入れなさい。

不定詞	2人称単数	1人称複数	2人称複数
se coucher			
se reposer			
s'habiller			

B 適切な否定命令形を書き入れなさい。

不定詞	2人称単数	1人称複数	2人称複数
se coucher			
se reposer			
s'inquiéter			

不規則動詞 répondre, connaître, voir の活用

以下の動詞は活用が不規則ではあるが、日常的によく用いられる動詞であり、また第11課以降の例文や練習問題でもしばしば登場するので覚えておこう。単数人称の活用形は発音がすべて同じことにも注目しよう。

	répondre 答える	connaître 知っている	voir 見る、見える
je	réponds	connais	vois
tu	réponds	connais	vois
il / elle	répond	connaît	voit
nous	répondons	connaissons	voyons
vous	répondez	connaissez	voyez
ils / elles	répondent	connaissent	voient

フランスの窓

フランスの2大ワイン産地の1つがボルドーである。赤ワインの最高峰とも言えるボルドーワインは複数のぶどうの品種を混ぜてつくるのが特徴（アッサンブラージュ）。甘味や酸味などのバランスが違うカベルネ・ソーヴィニヨンやメルローなどといったいくつかの品種をブレンドすることで、味や香りに奥行きが生まれる。ボトルの形は、ワインを注ぐときに澱が出ないよういかり肩になっている。
また、パンとワインをキリストの肉と血として分かち合う伝統を持つキリスト教の儀式にワインは欠かせないものである。

もう1つの世界的に有名なワイン産地がブルゴーニュである。ボルドーでは古くから富裕層によって大規模にシャトー運営がされてきたが、ブルゴーニュの方は元々シトー派修道会のワイン造りが起源となっており、今でも丹精込めた職人的ワイン造りが行われている。ボルドーのように複数の品種をブレンドするのではなく、1つのワインに単一の品種を用いるのが特徴。製造量の半分以上が白ワインであり、ボトルの形はなで肩である。

ブルゴーニュの郷土料理エスカルゴ・ア・ラ・ブルギニョン（Escargots à la Bourguignonne）。ブルゴーニュのワイン畑には昔からエスカルゴがたくさんいたが、農薬を使い始めた昨今では希少品種となってしまい、養殖のものがよく使われる。多くの外国人にとってはゲテモノの典型のようなエスカルゴだが、ぜひ食わず嫌いせずにトライしてみよう。他に日本ではなじみのない食材としてはカエルがあり、ももの部分の肉をフライにして食べる。

Le passé composé
複合過去

- 過去分詞
- 複合過去（助動詞 avoir）
- 複合過去（助動詞 être）
- 複合過去の否定形

この課から、フランス語で過去のことを表現するために必要な文法ツールを学んでいく。最初に取りあげるのは、助動詞と過去分詞を「複合」させて作るために「複合過去」と呼ばれる、使用頻度の極めて高い時制である。この課では、複合過去を構成する2種類の助動詞とその使い分けについて、また過去分詞の作り方について、規則的なもの、不規則なものも含めしっかりと学んでいこう。ここで学ぶ複合過去の作り方の規則は、今後学ぶさまざまな複合時制にも共通のものであるため、この段階で確実に覚えておきたい。

Point 1　Le passé composé ①　複合過去の概要、過去分詞

OBSERVER　観察しよう！

| 今日： | Aujourd'hui, je mange avec Paul. | 今日、僕はポールと一緒に食事をする。 |
| 昨日： | Hier, **j'ai mangé** avec mes parents. | 昨日、僕は両親と食事をした。 |

| 今日： | Aujourd'hui, j'arrive à 9 heures. | 今日、僕は9時に到着する。 |
| 昨日： | Hier, **je suis arrivé** à 10 heures. | 昨日、僕は10時に到着した。 |

ここに注目！

A 今日（aujourd'hui）のことについて書かれた文と昨日（hier）のことについて書かれた文とを比べて、動詞の形がどのように異なっているかに注目しよう。

B 過去の時制はどのように作られているかを考えてみよう。

「助動詞 ＿＿＿＿＿＿＿ または ＿＿＿＿＿＿＿ の現在形」＋「本動詞（過去分詞）」

COMPRENDRE　理解しよう！

I. フランス語の過去時制

ひとくちに過去といっても様々な過去の捉え方があり、それらの捉え方に対応して、異なる過去時制を使い分ける必要がある。フランス語では、1回限りの行為や出来事を語る場合の過去時制と、過去の状態や習慣を語る場合の過去時制が厳密に区別される。

* 日本語でも「〜した」、「〜していた」、「〜だった」といった過去表現のバリエーションがあり、それぞれが描く状況は、1回限りの動作や行為であったり、過去の習慣や状態であったりと大きく異なるが、フランス語ほど厳密に区別することはない。

soixante-dix-huit・78　第 11 課：複合過去

II. 複合過去の用法

過去の「1回の行為」や「出来事」：「〜した」
例： J'**ai visité** le Louvre l'année dernière.　　去年ルーブル美術館を訪れました。
　　Je **suis tombé** dans la rue hier.　　昨日私は道で転びました。

経験：「〜したことがある」
例： J'**ai** déjà* **mangé** des escargots.　　私はエスカルゴを食べたことがあります。
　　Je **suis** déjà **allé** à Moscou.　　私はモスクワに行ったことがあります。
　　* déjà：「既に」を意味する副詞

完了：現時点ですでに終えている行為
例： Est-ce que vous **avez fait** vos devoirs ?　　もう宿題はしましたか？
　　Votre train **est parti**.　　あなたの電車はもう出発してしまいましたよ。

III. 複合過去の作り方

複合過去 ＝ avoir または être の現在形 ＋ 過去分詞

「複合」というのは、本動詞を助動詞と組み合せる、つまり「複合」させた形になっているということである。フランス語の複合過去は形の上では英語の現在完了と似ており、**avoir** もしくは **être** を助動詞として用い、それに本動詞の**過去分詞**を複合させて作る。（詳しくは Point 2 と Point 3 で学ぶ。）

IV. 過去分詞の作り方

複合過去を作るには、まずその構成要素となる**過去分詞**の作り方を理解する必要がある。過去分詞には規則的に作られるものと、不規則なもの（＝1つ1つ暗記しなければならないもの）がある。

規則的な過去分詞

不定詞の語尾	過去分詞の語尾	例
-er	-é	penser → **pensé**,　entrer → **entré**,　aller → **allé**
-ir	-i	finir → **fini**,　choisir → **choisi**,　partir → **parti**
-re, -oir	-u	répondre → **répondu**,　voir → **vu**,　vouloir → **voulu**

不規則な過去分詞

不定詞		過去分詞
avoir	（持つ）	eu
être	（〜である）	été
naître	（生まれる）	né
prendre	（取る）	pris
mettre	（置く）	mis

不定詞		過去分詞
venir	（来る）	venu
boire	（飲む）	bu
lire	（読む）	lu
pouvoir	（できる）	pu
devoir （〜しなければならない）		dû

不定詞		過去分詞
faire	（する）	fait
écrire	（書く）	écrit
dire	（言う）	dit
mourir	（死ぬ）	mort

PRATIQUER 練習しよう！

過去分詞

動詞の意味を調べ、過去分詞を書きなさい。

	不定詞	意味	過去分詞
1.	rester		
2.	finir		
3.	faire		
4.	prendre		
5.	dire		
6.	venir		
7.	descendre		
8.	voir		

	不定詞	意味	過去分詞
9.	lire		
10.	mettre		
11.	boire		
12.	être		
13.	avoir		
14.	vivre		
15.	naître		
16.	mourir		

Point 2) Le passé composé ② 複合過去（助動詞 avoir）

 ## OBSERVER 観察しよう！

Hier, Élise **a visité** le Louvre. 昨日、エリーズはルーヴル美術館を訪れました。
Elle **a rencontré** Catherine. 彼女はカトリーヌに出会いました。
Elles **ont vu** la Joconde. 彼女らはモナリザを見ました。
Elles **ont pris** des photos. 彼女らは写真を撮りました。

ここに注目！

A 左の複合過去の文を構成する助動詞は＿＿＿＿＿＿＿。

B 過去分詞の形が主語の性数と関連して変化しているか、いないかを観察しよう。

 ## COMPRENDRE 理解しよう！

I. 複合過去（助動詞 avoir）

複合過去 ＝ avoir の現在形 ＋ 過去分詞

大多数の動詞は助動詞 avoir を使って複合過去を作る。
助動詞 avoir を用いる複合過去においては、過去分詞は主語とは性数一致しない。詳しくは「理解を深めるために」を参照。

複合過去の活用例：visiter 訪れる

主語人称代名詞	avoir の現在形	過去分詞
j'	ai	
tu	as	
il / elle	a	+ visité
nous	avons	
vous	avez	
ils / elles	ont	

quatre-vingts • 80　　第 11 課：複合過去

II. 助動詞 avoir と être の使い分け

複合過去において助動詞 avoir と être のどちらを用いるかは動詞によって決まる。ほとんどの動詞は avoir を用いるが、aller などの移動を表すいくつかの自動詞や代名動詞では être を用いる。詳しくは Point 3 を参照。

PRATIQUER 練習しよう!

複合過去（助動詞 avoir）

A 括弧内の動詞を複合過去にしなさい。

1. J'＿＿＿＿＿ mes devoirs. (finir)
2. Tu ＿＿＿＿＿ la radio. (écouter)
3. Il ＿＿＿＿＿ ses amis. (voir)
4. Nous ＿＿＿＿＿ un café. (prendre)
5. Vous ＿＿＿＿＿ le ménage ? (faire)
6. Ils ＿＿＿＿＿ un problème. (avoir)

B 正しい文になるよう線でつなぎなさい。

1. J'・　　・avons discuté longtemps.
2. Tu・　　・ont regardé la télé.
3. Il・　　・ai fini mes devoirs.
4. Nous・　　・avez répondu au téléphone ?
5. Vous・　　・as écouté la radio.
6. Ils・　　・a vu ses amis.

Point 3 Le passé composé ③ 複合過去（助動詞 être）

OBSERVER 観察しよう!

Je suis allé au cinéma hier.

Je suis allée au cinéma hier.

Nous sommes allés au cinéma hier.

Nous sommes allées au cinéma hier.

ここに注目！

A 吹き出しの文中の複合過去の部分に下線をひきなさい。

B 絵と見比べて、空欄を埋めなさい。

- 助動詞 être を使う複合過去の場合、過去分詞の ＿＿＿＿＿ と ＿＿＿＿＿ が主語と一致する。

- 左の例では過去分詞は次のように変化する：

	単数	複数
男性	allé＿	allé＿
女性	allé＿	allé＿

第 **11** 課：複合過去　　**81** • quatre-vingt-un

COMPRENDRE 理解しよう！

複合過去（助動詞 être）

複合過去 ＝ être の現在形 ＋ 過去分詞（主語に合わせて性数変化する）

移動を意味する自動詞

助動詞 être を使って複合過去を作る動詞は極めて数が限られるが、主に移動を意味する次のような自動詞で、日常的に頻繁に用いられるものがほとんどである。

> aller（行く），venir（来る），partir（出発する），arriver（到着する），monter（登る），descendre（降りる），tomber（落ちる），entrer（入る），sortir（出る），passer（過ごす），rester（滞在する），naître（生まれる），mourir（死ぬ）
>
> およびこれらの動詞から派生した動詞群：
> devenir（〜になる），revenir（戻る），rentrer（帰る）など

être を使う複合過去では、過去分詞が形容詞と同じように**主語と性・数の一致をする**ことに注意しよう。

複合過去の活用例：entrer 入る

主語人称代名詞	être の現在形	過去分詞
je	suis	entré(e)
tu	es	entré(e)
il	est	entré
elle	est	entrée
nous	sommes	entré(e)s
vous	êtes	entré(e)(s)
ils	sont	entrés
elles	sont	entrées

代名動詞

代名動詞を複合過去にする場合も必ず être を使う。再帰代名詞の位置に注意。

代名動詞の複合過去において、過去分詞は一般的に主語と性数一致する。

詳しくは「理解を深めるために」を参照。

複合過去の活用例：se coucher 寝る

主語人称代名詞	再帰代名詞	être の現在形	過去分詞
je	me	suis	couché(e)
tu	t'	es	couché(e)
il	s'	est	couché
elle	s'	est	couchée
nous	nous	sommes	couché(e)s
vous	vous	êtes	couché(e)(s)
ils	se	sont	couchés
elles	se	sont	couchées

PRATIQUER 練習しよう！

I. 複合過去（助動詞 être）：移動を表す自動詞

A 括弧内の動詞を複合過去にしなさい。(m) は男性、(f) は女性、(p) は複数。

1. Je (m) _____ en vacances. (partir)
2. Tu (f) _____ au cinéma hier ? (aller)
3. Elle _____ chez moi. (venir)
4. Nous (m) _____ la semaine dernière. (arriver)
5. Vous (f, p) _____ chez vous ? (rester)
6. Ils _____ à la banque ce matin. (passer)

B 正しい文になるよう線でつなぎなさい。

1. Je ・　　　・ êtes sortis au bistro.
2. Tu ・　　　・ sommes arrivés à 10 heures.
3. Il ・　　　・ sont nés le même jour.
4. Elle ・　　　・ es allé voir tes parents.
5. Nous ・　　　・ suis parti avant toi.
6. Vous ・　　　・ sont venues en voiture.
7. Ils ・　　　・ est monté dans le TGV.
8. Elles ・　　　・ est restée chez elle.

II. 複合過去（助動詞 être）：代名動詞

A 正しい文になるよう線でつなぎなさい。

1. Élise ・　　　・ se sont reposés.
2. Je ・　　　・ s'est reposée.
3. Ils ・　　　・ vous êtes reposé(e)(s).
4. Tu ・　　　・ nous sommes reposé(e)s.
5. Vous ・　　　・ me suis reposé(e).
6. Nous ・　　　・ t'es reposé(e).

B 括弧内の動詞を複合過去にしなさい。(m) は男性、(f) は女性、(p) は複数。

1. Je (f) _____ à 6 heures. (se réveiller)
2. Tu (m) _____ à 7 heures. (se lever)
3. Il _____ rapidement. (s'habiller)
4. Elle _____ . (se maquiller)
5. Nous (f) _____ . (se dépêcher)
6. Vous (m, s) _____ après le travail. (se reposer)
7. Ils _____ dans un parc. (s'amuser)
8. Elles _____ dans Paris. (se promener)

フランスの窓

南仏の定番のお土産の1つ、ラベンダーのポプリ。プロヴァンス地方はラベンダーをはじめとした精油の一大産地である。香水の街グラースなども有名。

何種類ものソーセージが彩り豊かに並ぶ。食べ比べも楽しい。ただし日本には持ち込めないのでフランス滞在中に満喫しよう。

パリには多くの芸術家が集まる。特にモンマルトルは画家の街として有名である。無名の画家の秘かな傑作に出会えたりするかもしれない。

Point 4 〉 La négation 複合過去の否定形

OBSERVER 観察しよう！

Il a fait ses devoirs.	彼は宿題をした。
Il n'a pas fait ses devoirs.	彼は宿題をしなかった。
Elle est allée au cinéma.	彼女は映画に行った。
Elle n'est pas allée au cinéma.	彼女は映画に行かなかった。
Il s'est reposé.	彼は休んだ。
Il ne s'est pas reposé.	彼は休まなかった。

ここに注目！
否定文の中の否定辞に下線を引き、それが複合過去を構成するどの部分を挟んでいるのか観察しよう。

COMPRENDRE 理解しよう！

複合過去の否定形

複合過去の否定形は、活用している助動詞 avoir もしくは être を **ne (n') ... pas** ではさんで作る。

肯定形		否定形		
J'ai compris.	→	Je **n'ai pas** compris.	×	Je **n'ai** compris **pas**.
わかりました。		わかりませんでした。		
Elle est sortie.	→	Elle **n'est pas** sortie.	×	Elle **n'est** sortie **pas**.
彼女は外出しました。		彼女は外出しませんでした。		
Je me suis couché.	→	Je **ne** me suis **pas** couché tard.	×	Je **ne** me suis couché **pas** tard.
私は寝ました。		私は遅くは寝ませんでした。		
Elle s'est levée.	→	Elle **ne** s'est **pas** levée.	×	Elle **ne** s'est levée **pas**.
彼女は起きました。		彼女は起きませんでした。		

経験を示す用法の否定においては ne ... pas ではなく、**ne ... jamais** が使われる。

J'ai <u>déjà</u> mangé des escargots.	→	Je **n'ai jamais** mangé d'escargots.
私はエスカルゴを食べたことがあります。		私はエスカルゴを食べたことがありません。
Je suis <u>déjà</u> allé à Moscou.	→	Je **ne** suis **jamais** allé à Moscou.
私はモスクワに行ったことがあります。		私はモスクワに行ったことがありません。

PRATIQUER 練習しよう!

I. 複合過去の否定形

否定文にしなさい。

1. J'ai choisi cette couleur. →
2. Nous sommes sortis hier soir. →
3. Il a écrit son CV. →
4. Elles sont parties en vacances. →
5. Il a répondu au téléphone. →
6. Je me suis réveillé à six heures. →
7. Tu t'es reposé. →
8. Nous nous sommes couchés à minuit. →
9. Ils se sont lavés. →
10. Elle s'est reposée dimanche. →

II. まとめの問題

複合過去にして書き換えなさい。

> Sophie se réveille à 7 heures. Elle s'habille et se maquille. Elle prend son petit déjeuner. Quand elle arrive au travail, elle voit son chef. Elle reste au bureau jusqu'à 5 heures. Après, elle fait des courses et dîne chez elle. Elle se repose. Elle ne se couche pas trop tard.

Hier, Sophie …

フランスの窓

ルーブル美術館。最近では入場者数が年間1000万人を超えた。元は歴代フランス王の王宮。

ポンピドゥー・センター内の国立近代美術館。近現代美術の所蔵数では世界最大規模。

オルセー美術館。セーヌ川河畔にあり19世紀美術を中心に収蔵。印象派の名作が並ぶ。

L'imparfait 12
半過去、過去時制の使い分け

- 半過去
- 過去時制の使い分け

前の課では「複合過去」という過去時制を学んだが、それは過去の1回限りの行為や出来事「〜した、〜であった」、経験「〜したことがある」、完了「〜し終えた」などを表現する場合に使われるものであった。一方、フランス語には「半過去」と呼ばれるもう1つの重要な過去時制があり、これは過去の継続的状態や習慣、出来事の状況や背景、また過去の出来事についてコメントや評価をする場合に使われる。半過去の活用語尾は全ての動詞において共通なのでしっかりと覚えよう。また「複合過去」との使い分けについても注意して学んでいこう。

Point 1 〉 L'imparfait 半過去

OBSERVER 観察しよう！

Moi, avant ... 前は〜（半過去）

J'**étais** jeune.	僕は若かった。
J'**avais** un chien.	僕は犬を飼っていた。
J'**habitais** avec mes parents.	僕は両親と住んでいた。
Je ne **travaillais** pas.	僕は働いていなかった。
Je **prenais** mon vélo.	僕は自転車を使っていた。

Moi, maintenant ... 今は〜（現在）

Je suis âgé.	僕はもう歳だ。
J'ai un chat.	僕は猫を飼っている。
J'habite avec un ami.	僕は友人と住んでいる。
Je travaille dans une entreprise.	僕は会社で働いている。
Je prends le métro.	僕は地下鉄を使っている。

ここに注目！

- **A** （je が主語のときの）半過去の動詞に共通する語尾は _____。
- **B** 既に学んだ複合過去と比べ、半過去で表されている過去はどのような過去か。

COMPRENDRE 理解しよう！

I. 半過去の用法

過去の（継続的）状態：「〜していた」や「〜だった」

Maintenant, je suis retraité. Avant, j'**étais** journaliste.
今は退職しています。以前はジャーナリストでした。

過去の習慣：「よく〜していた」

Maintenant, je fais du rugby. Quand j'étais petit, je **faisais** du foot.
今はラグビーをしています。小さい頃はよくサッカーをしていました。

複合過去で示される行為や出来事が起こったときの（背景となる）状況

Hier, il **faisait** beau. Alors, Nathalie et Élise sont sorties.
昨日はいい天気でした。それで、ナタリーとエリーズは出かけました。

（C'était + 形容詞の形で）過去の行為や出来事についてのコメント・評価

Tu as bien mangé ? C'**était** bon ?　　　しっかり食べた？美味しかった？

II. 半過去の作り方

半過去の作り方：動詞　parler		
主語人称代名詞	語幹	語尾
je		-ais
tu	parl-	-ais
il / elle		-ait
nous	（動詞の現在形の nous に対応する形から語尾の -ons を取り除いたもの）	-ions
vous		-iez
ils / elles		-aient

半過去にはすべての動詞について共通の活用語尾がある。

半過去は、これらの共通の活用語尾に、動詞の現在形の nous に対応する形から語尾の -ons を取り除いたもの（= 半過去語幹）を付けて作る。

半過去の活用例：parler 話す	
je	parlais
tu	parlais
il / elle	parlait
nous	parlions
vous	parliez
ils / elles	parlaient

半過去の活用例：être 〜である	
j'	étais
tu	étais
il / elle	était
nous	étions
vous	étiez
ils / elles	étaient

半過去語幹 **parl-**：
現在形1人称複数 parlons から活用語尾 -ons を取ったもの。

* なお、動詞 faire の半過去形の語幹の発音は、現在形1人称複数の発音を受け継ぎ、je faisais [fəzɛ], vous faisiez [fəzjɛ], などとなる。

être の半過去語幹は例外で、現在形1人称複数からは作られず、**ét-** となる。

PRATIQUER 練習しよう！

半過去

A 半過去になるよう空欄を埋めなさい。

不定詞	1人称複数（nous）の現在形	半過去
1. étudier	nous étudions	j'étudi_____
2. arriver	nous arrivons	j'arriv_____
3. finir	nous finissons	nous finiss_____
4. aller	nous allons	tu all_____
5. pouvoir	nous pouvons	elle pouv_____
6. lire	nous lisons	vous lis_____
7. faire	nous faisons	tu fais_____
8. avoir	nous avons	ils av_____
9. être	nous sommes*	j'_____

* être の場合は半過去語幹が現在形1人称複数からは作られないことに注意。

B 各動詞を「1人称複数(nous)の現在形」と「半過去」に活用させて書き入れなさい。

不定詞	1人称複数(nous)の現在形	半過去
1. venir	nous _____	ils _____
2. répondre	nous _____	je _____
3. pouvoir	nous _____	vous _____
4. dire	nous _____	elle _____
5. mettre	nous _____	tu _____
6. aller	nous _____	René et moi _____
7. prendre	nous _____	je _____
8. comprendre	nous _____	elle _____
9. partir	nous _____	tu _____

C 正しい文となるようつなぎなさい。

1. Je　　　　・　　・　aimiez beaucoup votre chat.
2. Tu　　　　・　　・　avions peur des chiens.
3. Il /Elle　　・　　・　prenaient souvent le taxi.
4. Nous　　　・　　・　me promenais souvent avec ma mère.
5. Vous　　　・　　・　adorait visiter des monuments historiques.
6. Ils / Elles　・　　・　allais souvent au cinéma.

D 括弧内の動詞を半過去にしなさい。

1. J'_____ naïf. (être)
2. Tu _____ un grand jardin. (avoir)
3. Elle _____ sortir avec ses amis. (aimer)
4. Nous _____ souvent au cinéma. (aller)
5. Vous _____ la voiture pour aller au travail ? (prendre)
6. Ils _____ des projets pour les vacances. (faire)

フランスの窓

* ワインについての小話は他に第10課の「フランスの窓」も参照。

ボルドーのワイン産地の1つ、サンテミリオン。ユネスコの世界遺産にも登録された牧歌的な風景ではあるが、実際は市場経済のただ中にある。有名ワイナリーのワインは投機の対象ともなっており、ときに起こる価格の暴騰などによって、古参の上客が離れていく事態につながる場合もある。

Appellation d'Origine Protégée の記載がある

ワインの品質を保証するシステムとして、生産地や製法を厳しく規定した「Appellation d'Origine Controlée / Protégée (AOC / AOP)」があり、ボトルのラベルなどに明記されている。このシステムは乳製品や肉などにも適用されている。

毎年11月の第3木曜日午前0時に解禁されるボジョレー・ヌーヴォー。フレッシュでフルーティな味わいで飲みやすく、日本ではマーケティングにも成功したのか大いに盛り上がるが、フランスではそれほどではない。日付変更線の関係で、日本の方がフランスよりも先に解禁される。

point 2 Imparfait et passé composé 過去時制の使い分け

OBSERVER 観察しよう！

ここでは、**複合過去**の「過去の1回の行為」と**半過去**の「（行為の）背景となる状況」を組み合わせた文をとりあげる。

J'étais en première année.
私は1年生でした。　　　　　　　（　　）

Je suis allé en France pour la première fois.
私は初めてフランスに行きました。（　　）

Il pleuvait.
雨が降っていました。　　　　　　（　　）

J'ai pris un taxi.
タクシーに乗りました。　　　　　（　　）

Ma mère est rentrée.
母が帰ってきました。　　　　　　（　　）

Je dormais.
私は眠っていました。　　　　　　（　　）

ここに注目！

A 動詞の形に注意して、左の文中の複合過去の動詞には下線を引き、半過去の動詞は□で囲みなさい。

B 各文の括弧内に、以下の例に従って、「**行為**」か「**（行為の）背景**」の適切な方を書き入れなさい。

例： Il faisait froid. 　　寒かった。　　　（背景）
　　J'ai fermé la fenêtre. 　私は窓を閉めた。（行為）

COMPRENDRE 理解しよう！

過去時制の使い分け

既に学んだように、**複合過去形**は過去の1回の行為や出来事を述べる場合（「〜した」「〜が起こった」）に用い、**半過去形**は、過去の状態、習慣、行為の背景を述べる場合（「〜していた」）に用いるのが基本である。よって、複合過去形と半過去形の使い分けは、話し手が過去の出来事をどのように捉えて表現しようとするのかで変わってくる。

例：　Je **faisais** du foot quand j'**étais** au lycée.
　　　高校ではサッカーをしていました。

　　　J'**ai arrêté** quand je **suis entré** à l'université.
　　　大学に入学したときにやめました。

　　　Je **suis allé** en France pour la première fois quand j'**étais** étudiant.
　　　学生の時に初めてフランスに行きました。

ただし、日本語で「〜していた」と表現されるものがすべてフランス語で半過去になるわけではない。

○ **半過去**を使う場合：「私は子どものとき、ピアノをやっていました。」は単に子どもの時の**習慣**を述べているので、半過去を使う。

　　Je **faisais** du piano quand j'**étais** petit.

○ **複合過去**を使う場合：「私は10年間ピアノをやっていました。」という場合は、過去の状態や習慣を述べるというよりは、過去の一定の期間にしたことをまとめて**1つの出来事**として提示していると捉えられるので、複合過去を使う。

　　J'**ai fait** du piano pendant dix ans.

＊このように複合過去を使って表現する場合には、一定の期間を示す前置詞 **pendant**（〜の間）が使われることが多い。

　　J'ai fait du karaté **pendant** 4 ans.　　　　空手を4年間やっていました。

複合過去形と半過去形の使い分けがスムーズにできるようになるには、たくさんのフランス語の文に触れる必要がある。まずは典型的な文例を覚え、徐々に正確な使い分けを学んでいこう。

PRATIQUER　練習しよう！

過去時制の使い分け

括弧内の動詞をふさわしい時制に活用させ、空欄を埋めなさい。

時	背景となる状況	行為
1. Hier,	il _____ (faire) beau.	Je _____ (sortir).
2. Hier soir,	Élise _____ (être) fatiguée.	Elle _____ (rester) chez elle.
3. Lundi,	René _____ (avoir) de la fièvre.	Il _____ (aller) chez le médecin.
4. Avant,	j' _____ (être) gros.	J' _____ (faire) un régime.
5. Il y a dix ans,	ils _____ (habiter) à Londres.	Ils _____ (déménager) à Paris.
6. Il y a deux ans,	il _____ (être) au chômage.	Il _____ (écrire) un roman.
7. Ce matin,	j' _____ (avoir) du temps.	J' _____ (faire) le ménage.
8. L'année dernière,	tu _____ (étudier) en France.	Tu _____ (faire) des progrès.

フランスの窓

シャモニーにある教会。昔はフランス人の多くがカトリック教徒だったが、最近は無宗教者 (athée) が多数派になっている。ただしフランス語の athée には、「無神論者」という強い意味合いがある。日本では多くの人が「無宗教」と言いつつ、神社に参拝したり、チャペルで結婚式をしたり、お墓は仏教の寺にあったりするが、フランス語で言う athée とはニュアンスがかなり違う。

モンペリエのリセ（高校）。フランスの小中高校では、週末に登校するということはない。週末も部活でにぎわうことが多い日本の学校と違って、門には鍵がかけられ誰も入れなくなる。ちなみに教室で給食を食べることはなく、自宅に食べに帰ったり、食堂で食べたりする。また学校で生徒が教室の清掃をすることはない。

ニースの街角の肉屋。日曜日は朝からシャッターが降りたまま閉店している。昔から「日曜日＝キリスト教の安息日」には店を閉めるのが普通だったが、最近は大型店舗を中心に、日曜営業するところも増えてきた。特に都市部ではその傾向が強い。また7、8月は夏季休暇のため数週間閉店している店も多い。

Les pronoms compléments d'objet 13

目的補語人称代名詞

フランス語は、一連の文の中で同じ名詞を繰り返し使うことを極端に嫌う言語である。一度出た名詞を繰り返さないために、代名詞を使ってその名詞を置き換えていく。代名詞は、それが置き換えている名詞が文の中で果たしている文法的な役割に対応した形で使われる。例えば、主語になる場合には既に学んだ主語人称代名詞が使われる。この課では文の中で目的語（フランス語文法では「目的補語」と呼ばれる）の役割をはたす代名詞をあつかう。さらに、フランス語では目的補語の分類の仕方や代名詞を置く位置が英語とは大きく異なるので、注意して学んでいこう。

- 直接目的補語人称代名詞 le / la / les など
- 間接目的補語人称代名詞 lui / leur など
- 直接・間接目的補語人称代名詞を用いた否定文

Point 1　Les compléments d'objet　目的補語の概要

OBSERVER　観察しよう！

Je révise <u>mon cours</u>.	私は授業を復習します。	Je téléphone à <u>mes parents</u>.	両親に電話をします。
Je cherche <u>la solution</u>.	私は解決法を探します。	Je parle à <u>la prof</u>.	先生に話します。
Je fais <u>mes devoirs</u>.	私は宿題をします。	J'écris à <u>mes amis</u>.	友達に（手紙・メール）を書きます。
Je regarde <u>la télévision</u>.	テレビを観ます。	Je donne <u>une écharpe</u> à <u>ma copine</u>.	ガールフレンドにスカーフをあげます。
		Je dis <u>la vérité</u> à <u>mes amis</u>.	友達に本当のことを言う。

ここに注目！

下線部は動詞の目的補語（＝目的語）だが、2つの異なる種類がある。どのように違うかを考えてみよう。

COMPRENDRE　理解しよう！

目的補語の概要：直接目的補語と間接目的補語

補語とは動詞の意味を様々な形で補完する語を指すが、その中でも目的補語は動詞の目的を示す名詞（＝目的語）をさす。目的補語には、動詞にそのまま結びつくことのできる**直接目的補語**（COD = Complément d'objet direct）と、前置詞をつけてはじめて動詞と結びつくことのできる**間接目的補語**（COI = Complément d'objet indirect）がある。

直接目的補語（COD）　→ Point 2	間接目的補語（COI）　→ Point 3
― Tu regardes **qui** ?　誰を見てるの？ ― Je regarde **René**.　ルネを見てる。	― Tu téléphones à **qui** ?　（× Tu téléphones qui ?）　誰に電話するの？ ― Je téléphone à **René**.　（× Je téléphone René.）　ルネに電話する。
↓	↓
直接目的補語人称代名詞に置き換えできる	間接目的補語人称代名詞に置き換えできる

第 **13** 課：目的補語人称代名詞　　　91 • quatre-vingt-onze

以下の例でもわかるように、直接目的補語をとるか間接目的補語をとるかは動詞によって決まる。

直接目的補語をとる動詞		間接目的補語をとる動詞		直接・間接目的補語をとる動詞	
réviser …	何かを復習する	téléphoner à …	誰々に電話をする	donner … à …	誰々に何かをあげる
apprendre …	何かをおさらいする、何かを習う	parler à …	誰々に話す	dire … à …	誰々に何かを言う
faire …	何かをする	écrire à …	誰々に書く		
regarder …	何かを観る				

PRATIQUER 練習しよう！

動詞の目的補語に注目し、それが直接目的補語であれば下線を引き、間接目的補語であれば□で囲みなさい。

1. Je parle à mes parents.
2. Je regarde la télévision.
3. Elle fait les courses.
4. Vous téléphonez à votre frère ?
5. Tu étudies le français ?
6. Ils font des cadeaux à leurs enfants.
7. Il écrit une lettre à son ami.
8. Il lit un poème à son enfant.

Point 2) Le pronom COD 直接目的補語人称代名詞

OBSERVER 観察しよう！

— Tu révises ton cours ?
— Oui, je **le** révise. → _____
— 授業（男性形・単数）の復習をする？
— うん、するよ。

— Tu révises tes cours ?
— Oui, je **les** révise. → _____
— 授業（男性形・複数）の復習をする？
— うん、するよ。

— Tu révises ta leçon ?
— Oui, je **la** révise. → _____
— レッスン（女性形・単数）の復習をする？
— うん、するよ。

— Tu révises tes leçons ?
— Oui, je **les** révise. → _____
— レッスン（女性形・複数）の復習をする？
— うん、するよ。

ここに注目！

上で太字になっている **le / la / les** はそれぞれ代名詞であり、上の文の動詞の目的補語となっている名詞を置き換えている。それぞれが置き換えている元の名詞を表内の空欄に書き出そう。また、それらの名詞の性と数を確認しよう。

— Tu apprends ton cours ?
— Oui, je l'apprends. →

授業のおさらいをする?
うん、するよ。

— Tu apprends tes cours ?
— Oui, je les apprends. →

授業のおさらいをする?
うん、するよ。

— Tu apprends ta leçon ?
— Oui, je l'apprends. →

レッスンのおさらいをする?
うん、するよ。

— Tu apprends tes leçons ?
— Oui, je les apprends. →

レッスンのおさらいをする?
うん、するよ。

> **ここに注目!**
>
> 代名詞の「l'」が置き換えている元の名詞について上のテキストをよく観察しよう。
> - 代名詞の「l'」が置き換えている元の名詞を表内の空欄に書き出そう。
> - 代名詞の「l'」は後にくる動詞が _____ で始まる動詞の場合に使われる。

COMPRENDRE 理解しよう!

I. 直接目的補語人称代名詞

直接目的補語人称代名詞	
me (m')	私を
te (t')	君を
le (l')	彼を、それを
la (l')	彼女を、それを
nous	私達を
vous	あなたを、あなた達を、君達を
les	彼らを、彼女らを、それらを

* le / la / les は人と事物の両方を受けることができる。

フランス語では、直接・間接目的補語人称代名詞は関係する動詞の前に置くのが基本である。英語と大きく違う点なので注意すること。

例: Je regarde René. → Je **le** regarde.
ルネを見ます。　　　　彼を見ます。

後ろに母音もしくは無音の h で始まる単語が来る場合には me, te, le / la は **m', t', l'** となる。

II. 直接目的補語人称代名詞の用法

直接目的補語人称代名詞は、**固有名詞**や(**定冠詞・指示形容詞・所有形容詞**などで)**特定化された名詞**が直接目的補語として使われているときに、それらの名詞を置き換えるのに使われる。

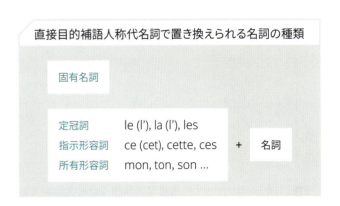

第13課: 目的補語人称代名詞

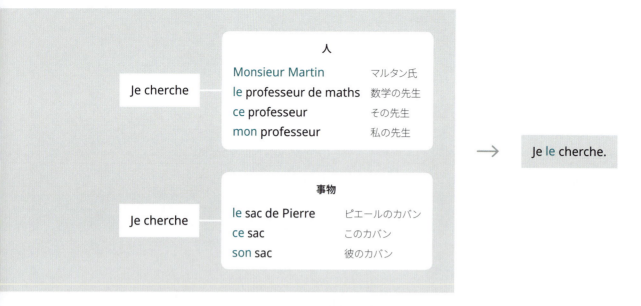

ただし定冠詞でも、対象を特定化する用法ではなく**総称的な用法**（第7課参照）が使われている場合は、直接目的補語人称代名詞で置き換えることはせず、代名詞 ça を用いる。

例： Tu aimes **le chocolat** ? チョコレートは好き？
　　× ― Oui, je l'aime.
　　○ ― Oui, j'aime **ça**. うん、好きだよ。

直接目的補語人称代名詞で置き換えることができるのは、あくまでも**特定化された名詞**である。よって特定化されていない名詞（不定冠詞や部分冠詞のついた名詞）は置き換えることができず、他の代名詞が用いられる。詳しくは「理解を深めるために」と第16課（中性代名詞）を参照。

PRATIQUER　練習しよう！

直接目的補語人称代名詞

A 表の空欄に適切な直接目的補語人称代名詞を書き入れなさい。

主語人称代名詞	直接目的補語人称代名詞	
	子音から始まる動詞の前	母音、無音の h から始まる動詞
je	me	
tu		t'
il		
elle		
nous	nous	
vous		
ils		
elles		

B 括弧の中にすべての直接目的補語人称代名詞を入れ、読みあげなさい。

Élise (　　) connaît, elle (　　) invite chez elle. 　　＊ connaître …「～を知っている」，inviter …「～を招待する」

C 空欄に直接目的補語人称代名詞 le / la / l' / les のいずれかを書き入れなさい。

1. Je _____ connais, c'est une amie, Élise.
2. Les enfants sont dans la rue. Tu _____ vois ?
3. Le policier est dans la rue. On _____ voit.
4. C'est mon ordinateur. Je _____ utilise souvent.
5. Je _____ connais, ce sont des amis d'enfance.
6. J'ai une voiture. Je _____ prends pour aller au travail.
7. La clé est sur la table. Tu _____ prends ?
8. Les enfants dorment. Je _____ regarde.
9. J'ai des lunettes. Je _____ mets.

Point 3 — Le pronom COI 間接目的補語人称代名詞

 OBSERVER 観察しよう!

— Tu parles souvent **à ton frère** ?
— Oui, je **lui** parle souvent.
→ _____

— あなたの兄弟（男性形・単数）とよくしゃべる？
— うん、よくしゃべるよ。

— Tu parles souvent **à tes parents** ?
— Oui, je **leur** parle souvent.
→ _____

— あなたの両親（男性形・複数）とよくしゃべる？
— うん、よくしゃべるよ。

— Tu parles souvent **à ta sœur** ?
— Oui, je **lui** parle souvent.
→ _____

— あなたの姉妹（女性形・単数）とよくしゃべる？
— うん、よくしゃべるよ。

— Tu parles souvent **à tes cousines** ?
— Oui, je **leur** parle souvent.
→ _____

— あなたのいとこ（女性形・複数）とよくしゃべる？
— うん、よくしゃべるよ。

ここに注目!

上で太字になっている **lui / leur** は動詞の目的補語を置き換えている。それぞれが置き換えている元の名詞を表内の空欄に書き出そう。また、それらの名詞の性と数を確認しよう。

COMPRENDRE　理解しよう!

I. 間接目的補語人称代名詞

間接目的補語人称代名詞	
me (m')	私に
te (t')	君に
lui	彼に、彼女に
nous	私達に
vous	あなたに、あなた達に、君達に
leur	彼らに、彼女らに

直接目的補語人称代名詞と同様に me、te は母音や無音の h の前では、それぞれ m', t' になる。

3人称単数は性別に関係なく lui となる。

強勢形人称代名詞の3人称単数男性形 lui と同じ形をしているが、文法的機能は異なるので注意。

II. 間接目的補語人称代名詞の用法

間接目的補語人称代名詞は普通「à + 人」を指す。

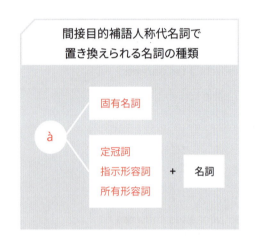

↓

Je lui téléphone.

間接目的補語人称代名詞を使わない場合

A 「à + 場所」は中性代名詞 y をつかう

「à + 場所」を指す場合は、間接目的補語人称代名詞ではなく**中性代名詞 y** を用いる。詳しくは第16課を参照。

例： Tu vas **à la banque** ?　　　　　　　　　銀行に行く?
　　 — Oui, j'**y** vais.　　　　　　　　　　　うん、行くよ。

B à が「〜について」という意味で使われる場合

à が「〜について」という意味で使われる場合も、間接目的補語人称代名詞は使われないので注意。詳しくは第16課を参照。

例： Je pense **à mes vacances**.　　→　　J'**y** pense.
　　 私は休暇について考えています。　　　　私はそれについて考えています。

III. 直接・間接目的補語人称代名詞を用いた否定文

直接・間接目的補語人称代名詞を用いた否定文の語順は、それぞれ次のようになる（目的補語人称代名詞は常に動詞の直前に置く）。

例： Je ne **le** regarde pas.　　　　　　　　彼を／それを見ません。
　　 Je ne **lui** téléphone pas.　　　　　　彼に電話しません。

PRATIQUER 練習しよう！

間接目的補語人称代名詞

A 表を完成させなさい。

主語人称代名詞	間接目的補語人称代名詞	
	子音から始まる動詞の前	母音、無音の h から始まる動詞
je	me	
tu		t'
il		
elle		
nous	nous	
vous		
ils		
elles		

B 括弧の中にすべての間接目的補語人称代名詞を入れ、読みあげなさい。

Élise (　　) téléphone, elle (　　) écrit souvent.　　　* téléphoner à … 「〜に電話する」, écrire à … 「〜に書く」

C 空欄に間接目的補語人称代名詞 lui / leur のうちふさわしいものを書き入れなさい。

1. Tu parles beaucoup <u>à tes parents</u> ?　　→　　Tu _____ parles beaucoup ?
2. Tu dis la vérité <u>à ton ami</u> ?　　→　　Tu _____ dis la vérité ?
3. Vous téléphonez souvent <u>à vos parents</u> ?　　→　　Vous _____ téléphonez souvent ?
4. Je parle souvent <u>à ma mère</u>.　　→　　Je _____ parle souvent.
5. A Noël, vous donnez des cadeaux <u>à vos amis</u> ?　　→　　A Noël, vous _____ donnez des cadeaux ?

フランス語の基本文型

ここまで学んだフランス語の基本文型を整理すると次のようになる。

- S（主語）+ V（動詞）　　　　　　　　　　Élise étudie.　　　　エリーズは勉強する。

- S（主語）+ V（動詞）+ A（属詞）　　　　Élise est étudiante.　エリーズは学生だ。

- S（主語）+ V（動詞）+ COD（直接目的補語）　Élise regarde René.　エリーズはルネを見る。
  * ただし COD が代名詞の場合は S + COD + V　Élise le regarde.　　エリーズは彼を見る。

- S（主語）+ V（動詞）+ COI（間接目的補語）　Élise parle à René.　エリーズはルネに話す。
  * ただし COI が代名詞の場合は S + COI + V　Élise lui parle.　　エリーズは彼に話す。

Les pronoms relatifs

関係代名詞

- 関係代名詞 qui
- 関係代名詞 que
- 関係代名詞 où

これまで、主語 + 動詞 + 補語といった基本的で単純な構造の単文をつくるために必要最低限の文法事項を学んできた。一方、より複雑で情報量の多い文を作るためには関係代名詞が使われる。2つの文の中に同じ名詞が使われているとき、一方の名詞を関係代名詞で置き換えることによって、1つの文にまとめることができる。フランス語の関係代名詞は、前の文の中にある名詞（先行詞）が後ろの文の中で果たす役割によって使い分けられる。英語の関係代名詞の使い方と少し異なるところがあるので注意して学んでいこう。

Point 1 Le pronom relatif : qui 関係代名詞 qui

OBSERVER 観察しよう！

Claire a une tante. Cette tante habite à Marseille.
↓
Claire a une tante qui habite à Marseille.

クレールにはおばがいます。
そのおばはマルセイユに住んでいます。
クレールにはマルセイユに住んでいるおばがいます。

Pierre regarde un film. Ce film raconte la vie de Jeanne d'Arc.
↓
Pierre regarde un film qui raconte la vie de Jeanne d'Arc.

ピエールは映画を観ます。
その映画はジャンヌ・ダルクの人生を題材にしたものです。
ピエールはジャンヌ・ダルクの人生を題材にした映画を観ます。

ここに注目！

- 関係代名詞 qui は同じ ＿＿＿＿＿＿＿＿＿＿ が使われている2つの文章をつなげる。
- 関係代名詞 qui は ＿＿＿＿＿＿＿＿＿＿ の代理をする。
- 関係代名詞 qui の付いている語は、後ろの文の中で ＿＿＿＿＿＿＿＿＿＿ の役割を果たしている。

COMPRENDRE 理解しよう！

I. 関係代名詞について

2つの文の中に同じ名詞が使われているとき、一方の名詞を関係代名詞で置き換えることによって、1つの文にまとめることができる。

II. 関係代名詞 qui

先行詞が人であろうと事物であろうと、後ろの文の中で主語の役割を果たしている場合は qui を使う。

例： Claire a une tante. Cette tante habite à Marseille.
↓
Claire a une tante qui habite à Marseille.

クレールにはおばがいます。
そのおばはマルセイユに住んでいます。
クレールにはマルセイユに住んでいるおばがいます。

Pierre regarde un film. Ce film raconte la vie de Jeanne d'Arc.
↓
Pierre regarde un film **qui** raconte la vie de Jeanne d'Arc.

ピエールは映画を観ます。
その映画はジャンヌ・ダルクの人生を題材にしたものです。
ピエールはジャンヌ・ダルクの人生を題材にした映画を観ます。

関係代名詞は、ものごとを詳細に記述する際に頻繁に使われる。特に、自分の言いたい単語が見つからないときに、それがどのようなものであるかを簡単な言葉で記述し、相手に伝えるのに大変役立つ。

例えば、「辞書」ということばがわからないときには関係代名詞 qui を使って、

C'est un livre **qui** explique les mots.　　　それは単語を説明してくれる本です。

のように記述すれば、相手から「辞書」dictionnaire という言葉を引き出すことができる。

PRATIQUER 練習しよう！

関係代名詞 qui

A 関係代名詞 qui を使って空欄を埋め、文の意味を考えなさい。

1. Le dictionnaire est un livre _____ explique les mots.
2. C'est un livre _____ a 400 pages.
3. Vous écoutez les oiseaux _____ chantent.
4. Faites l'exercice _____ est dans le livre.
5. Les policiers observent les gens _____ marchent dans la rue.
6. Attention au train _____ part.

B 正しい動詞を選びなさい。

1. Ils cherchent un studio qui [sont / est] dans le 13e arrondissement.
2. Je prends le bus qui [arrive / arrivent].
3. Je regarde les enfants qui [joue / jouent] dans la rue.
4. Il y a des livres qui [est / sont] précieux dans la bibliothèque.
5. Je connais ce livre qui [parle / parlent] de la Révolution française.
6. J'ai des amis qui [habite / habitent] dans le même immeuble.

C 関係代名詞 qui を使って1つの文にしなさい。

例：Je prends un livre. Ce livre est à la bibliothèque. → Je prends un livre **qui** est à la bibliothèque.

1. Pierre achète un billet. Ce billet ne coûte pas cher.
   → _____
2. Je prends un bus. Ce bus part à 8 heures.
   → _____
3. Les parents regardent leurs enfants. Ces enfants jouent dans le parc.
   → _____
4. J'ai un nouvel ordinateur. Cet ordinateur marche bien.
   → _____
5. Il y a des Français. Ces Français n'aiment pas le fromage.
   → _____

D 関係代名詞 qui を使って説明しなさい。

1. Le TGV, c'est un train _____. (être très rapide)
2. Le gorille, c'est un animal _____. (habiter en Afrique)
3. *Roméo et Juliette*, c'est une histoire _____. (raconter un amour impossible)

第 14 課：関係代名詞

Point 2 Le pronom relatif : que 関係代名詞 que

OBSERVER 観察しよう！

Claire regarde un film. Pierre aime beaucoup ce film.

Claire regarde un film **que** Pierre aime beaucoup.

クレールはある映画を観ます。
ピエールはその映画が大好きです。
クレールはピエールが大好きな映画を観ます。

Denis et Jean sont des voisins. Je connais bien ces voisins.

Denis et Jean sont des voisins **que** je connais bien.

ドニとジャンは（私の）隣人たちです。
私はその隣人たちをよく知っています。
ドニとジャンは私がよく知っている隣人たちです。

C'est une mélodie de Debussy. Élise écoute souvent cette mélodie.

C'est une mélodie de Debussy **qu'**Élise écoute souvent.

これはドビュッシーの曲です。
エリーズはこの曲をよく聴いています。
これはエリーズがよく聴いているドビュッシーの曲です。

ここに注目！

- 関係代名詞 **que** は同じ _____ が使われている２つの文章をつなげる。
- 関係代名詞 **que** は _____ の代理をする。
- 関係代名詞 **que** の付いている語は、後ろの文の中で _____ の役割を果たしている。
- 関係代名詞 **que** は直後に母音または無音の h が来る場合に _____ になる。

COMPRENDRE 理解しよう！

関係代名詞 que

先行詞が人であろうと事物であろうと、後ろの文の中で直接目的補語の役割を果たしている場合は関係代名詞 **que** を使う。

なお、関係代名詞 que は直後に母音または無音の h が来る場合には **qu'** となる。一方、関係代名詞 qui の方はいかなる場合でも qu' にはならず常に qui のままである。

例：
Claire regarde un film. Pierre aime beaucoup ce film.

Claire regarde un film **que** Pierre aime beaucoup.

クレールは映画を観ます。
ピエールはその映画が大好きです。
クレールはピエールが大好きな映画を観ます。

Claire a une tante. Elle voit souvent cette tante.

Claire a une tante **qu'**elle voit souvent.

クレールにはおばがいます。
彼女はそのおばによく会います。
クレールにはよく会うおばがいます。

Le film est intéressant. Claire regarde ce film.

Le film **que** Claire regarde est intéressant.

その映画は興味深い映画です。
クレールはその映画を観ています。
クレールの観ている映画は興味深いです。

PRATIQUER 練習しよう！

関係代名詞 que

A 関係代名詞 que の先行詞となっている名詞に下線を引き、文の意味を考えなさい。

例：Catherine regarde un film que Pierre aime beaucoup.

1. Pierre connaît le livre que Catherine lit.
2. Je déteste la musique que mes voisins écoutent.
3. Prends le plat que tu préfères.
4. Les exercices qu'ils font sont difficiles.

B que または qu' で空欄を埋め、文の意味を考えなさい。

1. Je regarde une émission _____ j'aime.
2. Nous n'avons pas le livre _____ vous cherchez.
3. Choisis le menu _____ tu veux.
4. L'exercice _____ je fais est facile.
5. La robe _____ Sophie achète est belle.
6. Le roman _____ elle lit est très intéressant.

C 関係代名詞 que を使って１つの文にしなさい。

例：La tarte Tatin est un dessert. Je fais souvent ce dessert. → La tarte Tatin est un dessert que je fais souvent.

1. La mousse au chocolat est un dessert. J'adore ce dessert.
   → _____
2. Le camembert est un fromage. On fabrique ce fromage en Normandie.
   → _____
3. *Libération* est un journal. Je lis ce journal tous les jours.
   → _____
4. Ce sont des poèmes de Rimbaud. J'étudie ces poèmes.
   → _____
5. Dans ce film il y a un acteur. J'aime beaucoup cet acteur.
   → _____
6. Claire étudie un livre. Pierre aime bien ce livre.
   → _____

Point 3　Le pronom relatif : où　関係代名詞 où

OBSERVER 観察しよう！

> C'est la boulangerie **où** j'achète mon pain tous les jours.　　それは毎日私がパンを買うパン屋です。
>
> Le 14 juillet est un jour **où** les Français célèbrent la Révolution.　　7月14日はフランス人が革命を祝う日です。

ここに注目！

- 関係代名詞の **où** は _____ や _____ を示す補語の代理をしている。

第14課：関係代名詞

COMPRENDRE 理解しよう!

関係代名詞 où

先行詞が後ろの文の中で場所や時を表す補語の役割を果たしている場合は où を使う。où は英語の when と where の両方の役割を担っていると考えればよい。

例： Strasbourg est une ville. Je suis né dans cette ville.　　ストラスブールは1つの町です。
　　　　　　　　　　　　　　　　　　　　　　　　　　　　　　私はその町で生まれました。
Strasbourg est la ville où je suis né.　　　　　　　　　　　ストラスブールは私が生まれた町です。

C'est un moment. J'ai décidé d'étudier en France à ce moment.　それは1つの時です。
　　　　　　　　　　　　　　　　　　　　　　　　　　　　　　私はその時にフランスに留学することを決めました。
C'est le moment où j'ai décidé d'étudier en France.　　　　　それは私がフランスに留学することを決めた時です。

 PRATIQUER 練習しよう!

関係代名詞 où

A 関係代名詞 où の先行詞となっている名詞に下線を引き、文の意味を考えなさい。

例：J'aime l'endroit où j'habite.　私は自分の住んでいる場所が好きです。

1. C'est la période où on est en vacances.
2. Il habite dans un quartier où il y a beaucoup de monde.
3. Le Japon est un pays où la vie est chère.
4. Au Japon, la fin de l'année est le moment où on fait le grand ménage.
5. C'est un magasin où on ne peut pas payer avec une carte de crédit.

B 正しい順番に並べ替えなさい。

1. où / le bureau / travaille / C'est / elle
→ _____
2. commerces / un quartier / dans / Il y a / habitons / beaucoup de / nous / où
→ _____
3. une maison / cherchent / où / une grande cuisine / Mes parents / il y a
→ _____

不規則動詞 savoir の活用と用法

savoir	～を知っている、～ができる
je	sais
tu	sais
il / elle	sait
nous	savons
vous	savez
ils / elles	savent

不規則動詞 savoir「～を知っている、～ができる」の現在形の活用は左の通り。

savoir は「知っている」というのが基本の意味であるが、他の動詞の不定詞と組み合わされて「(技能として)～ができる」という意味でよく使われる。

例： Je **sais** conduire.　　　私は車の運転ができます。
　　 Tu **sais** nager ?　　　　君は泳げますか？

フランスの窓

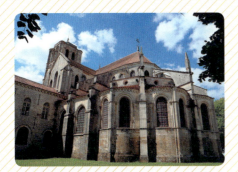

ロマネスク式修道院内の修道女

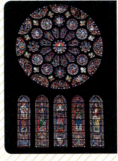

聖母マリアを象徴する「バラ窓」(12世紀)

聖母マリアが出現したとされる
ルルドの洞窟

ブルゴーニュ地方のヴェズレー。キリスト教三大聖地の1つに数えられるサンティアゴ・デ・コンポステーラ(スペインのガリシア地方)に続く巡礼路に位置し、町の通りにはその道標である帆立貝の文様が刻まれている。丘にあるバシリカ式のサント＝マドレーヌ大聖堂には、9世紀にマグダラのマリアの聖遺物が持ち帰られたとされている。

パリの南西約80キロに位置するシャルトルの大聖堂はフランスを代表するゴシック建築で、ユネスコの世界遺産にも登録されている。12世紀に着工され、主要な部分は13世紀に完成した。教会内部に入ると、頭上のステンドグラスを透かして光が降りてくる。シャルトルブルーと呼ばれる青が印象的である。立ち並ぶ中世の彫刻も見事である。

ピレネー山脈の麓にあるカトリックの聖地ルルド。比較的最近の1858年、14歳の少女が村外れの洞窟のそばで聖母マリアの出現に出会ったことがきっかけで聖地化された。聖母は18回出現したと言われる。ルルドの泉には病を癒す奇蹟の力があるとされ、世界各国から病人や巡礼者、観光客が訪れる。ホテルの数はパリとニースについて国内第3位である。

Le futur simple et le conditionnel présent

15

単純未来と条件法現在

- 単純未来
- 条件法現在

フランス語で未来を表現する方法として既に「近接未来」を学んだが、この課では新たに「単純未来」という未来時制を学ぶ。これで、フランス語で現在・過去・未来について表現することが一通り可能になる。この課ではさらに「単純未来」と活用において密接な関係にある「条件法現在」についても学ぶ。フランス語では動詞の活用をする際に、単に時制だけではなく「法」という概念が関わってくる。これまで学んできた現在、複合過去、半過去、近接未来、単純未来は「直説法」という「法」に属する時制であった。この課では新たに「条件法」について学ぶ。

Point 1 〉 Le futur simple 単純未来

OBSERVER 観察しよう！

単純未来を使った「学生十箇条」

Les dix commandements de l'étudiant :	学生十箇条：
1. Tu **participeras** aux cours.	授業に積極的に参加すべし。
2. Tu **écouteras** attentivement.	先生の話をよく聞くべし。
3. Tu **poseras** des questions.	質問をするべし。
4. Tu **réviseras** tes cours.	復習をするべし。
5. Tu **utiliseras** la bibliothèque universitaire.	大学図書館を利用するべし。
6. Tu ne **dormiras** pas pendant les cours.	授業中は居眠りするべからず。
7. Tu **prendras** des notes.	ノートを取るべし。
8. Tu **liras** des livres et des articles.	本や論文を読むべし。
9. Tu **feras** tes devoirs.	宿題をするべし。
10. Tu **seras** toujours enthousiaste.	いつも熱心であれ。

ここに注目！

上の例文で使われている動詞はすべて単純未来の2人称単数の形である。単純未来の2人称単数は全ての動詞において共通語尾 -as を持つ。

- 例文1～10のそれぞれの動詞の共通語尾に下線を引きなさい。
- 共通語尾を除いた部分が単純未来語幹になるが、それらを□で囲みなさい。
- □で囲んだ単純未来語幹を、以下に示すそれぞれの動詞の不定詞と比較しなさい。

| 1. participer | 2. écouter | 3. poser | 4. réviser | 5. utiliser |
| 6. dormir | 7. prendre | 8. lire | 9. faire | 10. être |

COMPRENDRE 理解しよう!

I. 単純未来の作り方

フランス語で未来のことを表すには、第8課で学んだ近接未来（動詞 aller と不定詞を組み合わせて作る）の他に、単純未来と呼ばれる時制が使われる。

単純未来の語幹は基本的に動詞の不定詞と同じ形である。それに語尾（-ai, -as, -a, -ons, -ez, -ont）をつけて単純未来が作られる。

単純未来の作り方（規則動詞の場合）：動詞 penser

主語人称代名詞	語幹	語尾
je		-ai
tu		-as
il / elle	penser- （動詞の不定詞） 例外は右を参照	-a
nous		-ons
vous		-ez
ils / elles		-ont

単純未来の活用例：動詞 penser

主語人称代名詞	単純未来形	発音
je	penserai	[pɑ̃s(ə)re]
tu	penseras	[pɑ̃s(ə)ra]
il / elle	pensera	[pɑ̃s(ə)ra]
nous	penserons	[pɑ̃s(ə)rɔ̃]
vous	penserez	[pɑ̃s(ə)re]
ils / elles	penseront	[pɑ̃s(ə)rɔ̃]

* je penserai, tu penseras, ... のように r の音が単純未来の活用を音声的に特徴づけている。そのため、文法書によっては、単純未来の語尾を -rai, -ras, -ra, -rons, -rez, -ront とし、語幹を「不定詞から r を除いたもの」と説明している場合もある。

* 第1群規則動詞の単純未来の場合、語幹末尾の e の発音は不定詞を発音する時のように [e] ではなく、音が弱まり [ə] となる。

例：penser [pɑ̃se]　←→　je penserai [pɑ̃səre]

語幹の例外：

A 不定詞が -re で終わる動詞については最後の e を取って未来語幹とする。

dire → **dir-**,　mettre → **mettr-**,　prendre → **prendr-**

B 重要な動詞で不規則な単純未来語幹をもつものも多く、暗記する必要がある。

être → **ser-**,　avoir → **aur-**,　aller → **ir-**,
venir → **viendr-**,　tenir → **tiendr-**,　pouvoir → **pourr-**,
vouloir → **voudr-**,　devoir → **devr-**,　savoir → **saur-**,
faire → **fer-**,　voir → **verr-**,　envoyer → **enverr-**　など

* ここで不規則として挙げられている未来語幹のほとんどは、元は動詞の不定詞だったものが長い歴史の中で音韻変化したものである。

C -er 型の動詞の中でも、appeler, acheter のように不定詞語尾の1つ前の母音が [ə] となる動詞の単純未来語幹は、現在形と同様、その [ə] の音が強められて [e] となり、綴りも少し変化する。

appeler → **appeller-**,　acheter → **achèter-**

* 現在形：j'appelle, j'achète

II. 単純未来の用法

単純未来の用法は大きく分けて以下の3つに分類される。

未来の事柄

A 時間的に比較的遠い未来について、大雑把に予定、予想、夢を語る場合

Quand je **finirai** mes études, je **partirai** à l'étranger. 　　私は卒業したら、外国に行くだろう。

Je me **marierai** à trente ans et j'**aurai** trois enfants. 　　私は30歳で結婚して、3人子どもを持つつもりだ。

B 何かを約束したり、保証したりする場合

Je **serai** au bureau à neuf heures. 　　私は9時にはオフィスにおります。

命令や依頼（主に2人称で）

Tu **réviseras** tes cours. 　　授業の復習をしておきなさい。

Vous **lirez** ce texte pour la prochaine fois. 　　次回までにこのテキストを読んできてください。

条件文

条件文は一般に以下のように表現される。

Si「もし」 ＋ 動詞現在形「（〜する）なら」 ， 動詞単純未来「（〜する）だろう」

Si tu <u>viens</u>, je **viendrai** aussi. 　　もしあなたが来るなら、私も行きましょう。

S'il <u>fait</u> beau, on **sortira**. 　　もし天気がよければ、出かけましょう。

si「もし」で始まる条件節の中の動詞は、単純未来でなく現在形にすることに注意。

* 一方、si ではなく quand「〜の時」を用いた文は上の条件文と一見似ているが、現在形ではなく単純未来を使う場合も多い。

Quand je **serai** grand, je **serai** astronaute. 　　私は大きくなったら、宇宙飛行士になる。

III. 近接未来との使い分けについて

話し言葉では単純未来よりも近接未来の方が頻繁に使われる。近接未来と単純未来の間には複合過去と半過去の間ほどには厳密な使い分けがあるわけではないので、それほど神経質になる必要はない。ただ、細かく言えば以下に示すようなニュアンスの違いがある。

近接未来は、どちらかというと時間的に近い未来、例えば直後に起こることを述べる場合に使われる。

Attention, tu **vas tomber**. 　　気を付けなさい、転んじゃうよ。

Le train **va partir** dans cinq minutes. 　　電車は5分後に出発します。

また、近接未来は、今後の具体的な状況の変化が確実に予定されている場合にも使われる。

- Je **vais avoir** un bébé en décembre. 　　私には12月に赤ちゃんが生まれます。（近接未来）
  → 既に妊娠して出産予定の時期がわかっている。

- Quand je serai marié, j'**aurai** trois enfants. 　　私は結婚したら子どもを3人持つでしょう。（単純未来）
  → まだ結婚も妊娠もしていないので、具体性が少なく、願望や夢の次元にある。

- Je **vais aller** en France cet été. 　　私は今年の夏フランスに行きます。（近接未来）
  → フランスに行く予定が確定し、準備が始められている場合。

- J'**irai** en France cet été. 　　私は今年の夏フランスに行こうかなと考えています。（単純未来）
  → 具体的に確定しているというより、「行くつもり」の段階の場合。

PRATIQUER 練習しよう!

単純未来

A 単純未来で活用させなさい。動詞を活用する際には必ず主語（人称代名詞）をつけて書くこと。

	arriver	partir	prendre
je (j')			
tu			
il / elle			
nous			
vous			
ils / elles			

	regarder	sortir	dire
je			
tu			
il / elle			
nous			
vous			
ils / elles			

B 表を完成させなさい。

不定詞	未来語幹	単純未来
1. être		je
2. avoir		elles
3. faire		vous
4. aller		tu
5. venir		on
6. tenir		elle
7. pouvoir		vous

不定詞	未来語幹	単純未来
8. vouloir		il
9. savoir		je
10. voir		nous
11. devoir		vous
12. envoyer		tu
13. appeler		ils
14. acheter		j'

C 正しい方を□で囲みなさい。

1. Vous [gagnerai / gagnerez].
2. Ils [mangerons / mangeront].
3. Tu [iras / ira].
4. Nous [décideront / déciderons].
5. Je [choisirez / choisirai].
6. Elle [comprendras / comprendra].
7. Les étudiants [réviseront / réviserons].
8. Tu [fera / feras].

D 括弧内の動詞を単純未来に活用させなさい。

1. Nous _____ (être) en vacances la semaine prochaine.
2. Elle _____ (aller) en France le mois prochain.
3. Je _____ (faire) une surprise pour son anniversaire.
4. Vous _____ (pouvoir) rester chez nous pendant les vacances.
5. Ils _____ (avoir) des vacances en août.
6. Tu _____ (acheter) du pain pour le dîner.

E 括弧内の動詞を単純未来に活用させなさい。

1. Tu _____ (devoir) terminer ton mémoire.
2. Nous _____ (avoir) les résultats demain.
3. Je _____ (savoir) si j'ai réussi mes examens.
4. Elle _____ (voir) René dans une semaine.
5. Vous _____ (être) fatigué après le travail.
6. Ils _____ (ne pas venir) avant midi.
7. Tu _____ (appeler) le secrétariat.
8. J' _____ (acheter) ce pantalon en solde.

Point 2) Le conditionnel présent 条件法現在

 OBSERVER 観察しよう！

動詞 être		
単純未来		条件法現在
je serai	→	je serais
tu seras	→	tu serais
il sera	→	il serait
nous serons	→	nous serions
vous serez	→	vous seriez
ils seront	→	ils seraient

	単純未来		条件法現在
avoir	j'aurai	→	j'aurais
aller	tu iras	→	tu irais
venir	il viendra	→	il viendrait
faire	nous ferons	→	nous ferions
pouvoir	vous pourrez	→	vous pourriez
devoir	ils devront	→	ils devraient

ここに注目！

単純未来の語尾と条件法現在の語尾を比較して、下の空欄を埋めなさい。（色がついている部分が語尾）

- 単純未来の語尾 -ai, -as, -a, -ons, -ez, -ont は条件法現在ではそれぞれ -_____, -_____, -_____, -_____, -_____, -_____ となっている。
- 条件法現在の語尾はすでに学んだ時制 _____ と同じ語尾を持つ。
- 条件法現在の語幹（語尾を除いたもの）はすでに学んだ時制 _____ と同じ語幹となる。

cent huit • 108　　第 15 課：単純未来と条件法現在

COMPRENDRE 理解しよう！

I. 条件法現在の作り方

条件法現在は、Point 1で学習した**単純未来の語幹**に、第12課で学習した**半過去の語尾**（-ais, -ais, -ait, -ions, -iez, -aient）をつけて作る。

条件法現在の作り方：動詞 penser		
主語人称代名詞	語幹	語尾（半過去の語尾）
je	penser- （単純未来の語幹） 規則動詞の場合は、 不定詞と同じ。	-ais
tu		-ais
il / elle		-ait
nous		-ions
vous		-iez
ils / elles		-aient

条件法現在の活用例：動詞 penser	
主語人称代名詞	単純未来形
je	penserais
tu	penserais
il / elle	penserait
nous	penserions
vous	penseriez
ils / elles	penseraient

その他の活用例：
être → je serais,　avoir → j'aurais,　aller → j'irais,　venir → je viendrais,　faire → je ferais,　vouloir → je voudrais

II. 条件法の用法

ここまで学んできた現在・複合過去・半過去・近接未来・単純未来は、より正式に言えば、話し手が動詞の内容を現実・確実なものとして述べる場合に使う「直説法」に分類される時制であり、また命令形は、話し手が動詞の内容を命令の意志をもって述べるときに使う「命令法」に分類される活用の形であった。一方、ここで学ぶ「条件法」は、話し手にとって動詞の内容が必ずしも現実・確実でない状況において述べる場合に使われるもので、時制としては現在・過去がある。この課の末尾のコラムも参照のこと。

条件法は主に以下のような場合に使われる。

願望を婉曲に述べる場合

直接的な願望表現（直説法現在）	婉曲表現（条件法現在）
Je <u>veux</u> partir à cinq heures. 5時に出発したい。	Je **voudrais** partir à cinq heures. 5時に出発したいのですが。
Est-ce que vous <u>pouvez</u> ouvrir la fenêtre ? 窓を開けてもらえますか？	Est-ce que vous **pourriez** ouvrir la fenêtre ? 窓を開けていただけませんか？

何かを勧めたり、アドバイスをする場合

Vous **devriez** préparer votre examen.　　　テストの準備をした方がいいですよ。

Tu **devrais** arrêter ce travail.　　　君はこの仕事をやめるべきだと思うけれど。

不確定情報を述べる場合

メディアの報道などで「（詳細は未確認であるが）〜ということだ、〜の模様」といった不確定な情報を述べる場合にも条件法を用いる。

Il y **aurait** deux morts dans cet accident. Trois personnes **seraient** à l'hôpital.

この事故で2人の死者が出た模様です。3人が病院にいるようです。

非現実の仮定をして何かを述べる場合（「もし〜だったら、〜なのに」）

| Si「もし」 | + | 直説法半過去「〜だったら」 | , | 条件法現在「〜なのだけれど」 |

Si je gagnais dix millions d'euros au Loto, j'**arrêterais** de travailler et je **vivrais** à la campagne.
もし私が宝くじで1000万ユーロ当たったら、仕事をやめて田舎暮らしをするのになぁ。

以下の2つの構文で使われている時制・法と意味の違いを理解しよう。

未来に実現可能な状況を仮定する場合

直説法現在　　　　　　　　単純未来
Si j'**ai** assez d'argent,　je **passerai** le permis.
If I have enough money,　I will get my driving license.
もし十分お金があれば（＝ これからお金が手に入れば）、
免許を取るだろう。

現在において非現実の状況を仮定する場合

直説法半過去　　　　　　　条件法現在
Si j'**avais** assez d'argent,　je **passerais** le permis.
If I had enough money,　I would get my driving license.
もし（今）十分なお金があったのなら、免許を取るのになぁ。

PRATIQUER　練習しよう！

条件法現在

A 条件法現在で活用させなさい。動詞を活用する際には必ず主語（人称代名詞）をつけて書くこと。

	aimer	partir	prendre
je (j')			
tu			
il / elle			
nous			
vous			
ils / elles			

	faire	aller	venir
je (j')			
tu			
il / elle			
nous			
vous			
ils / elles			

B 条件法現在の方を□で囲み、括弧内に動詞の不定詞を書きなさい。

1. Je [voudrai / voudrais]　　（　　　　　）　　6. Elles [devraient / devront]　（　　　　　）
2. Tu [viendrais / viendras]　　（　　　　　）　　7. Tu [prendras / prendrais]　（　　　　　）
3. Il [ira / irait]　　　　　　　（　　　　　）　　8. Elle [finira / finirait]　　　（　　　　　）
4. Nous [ferons / ferions]　　（　　　　　）　　9. Je [serais / serai]　　　　（　　　　　）
5. Vous [pourriez / pourrez]　（　　　　　）　10. Nous [sortirons / sortirions]（　　　　　）

C 括弧内の動詞を条件法現在に活用させなさい。

1. Si je pouvais, je _____ (prendre) mes vacances en mai.
2. S'il faisait beau, on _____ (sortir).
3. Si elle ne travaillait pas, elle _____ (venir) avec nous.
4. Si je parlais chinois, je _____ (pouvoir) étudier en Chine.
5. Si j'étais libre ce soir, j' _____ (aller) au concert.

法（叙法）について

フランス語の動詞は、既に学習した現在・複合過去・半過去・単純未来といった「時制 temps」によって活用の形が決まると同時に、表現する内容についての話し手の心的態度を表す「法（叙法）mode」によっても形が決まる。

フランス語の法（叙法）には直説法、命令法、接続法、条件法がある。命令法を除き、それぞれの法には複数の時制がある。

- 直説法（indicatif）は、話し手が動詞の内容を**現実・確実なもの**として述べる場合に使われる。
- 命令法（impératif）は、話し手が動詞の内容を**命令の意志**をもって述べる場合に使われる。第2課で学んだ。
- 条件法（conditionnel）は、話し手が動詞の内容が**必ずしも現実・確実でない状況**において述べる場合に使われる。この課のPoint 2で学んだ。
- 接続法（subjonctif）は、動詞の内容が**話し手の主観によっていることが強く示される場合**に使われる。第17課で学ぶ。

Les pronoms neutres

中性代名詞 en, y

- 中性代名詞 en
- 中性代名詞 y
- 中性代名詞 en, y の否定文

第13課では直接目的補語を置き換える代名詞として「直接補語人称代名詞」を学んだが、それで置き換えることができるのは特定化されている名詞（固有名詞や定冠詞 le, la, les、指示形容詞 ce, cette, ces、所有形容詞のついた名詞など）だけであり、すべての直接目的補語を置き換えることはできない。一方、直接目的補語であっても、特定化されていない名詞についてはそれを置き換える際に「中性代名詞」と呼ばれる en が使われる。この課ではさらにもう1つの中性代名詞 y を扱う。これらは日常会話でも頻繁に使われるので慣れておこう。

Point 1　Le pronom neutre : en　中性代名詞 en

 OBSERVER　観察しよう！

Je mets du sucre dans mon café. Et toi, tu **en** mets ? — Oui, j'**en** mets.	私はコーヒーに砂糖を入れるよ。君は（砂糖を）入れる？ うん、（砂糖を）入れるよ。
Tu prends de la sauce ? — Oui, j'**en** prends.	君はソースいる？ うん、（ソースが）いるよ。
Il achète des souvenirs. →　Il **en** achète.	彼はお土産を買う。 彼は（お土産を）買う。
Ils ont de l'argent ? — Oui, ils **en** ont.	彼らはお金持ってるの？ うん、（お金を）持ってるよ。
Vous avez un animal domestique ? — Oui, j'**en** ai deux. Un chien et un chat.	あなたはペットを飼っていますか？ はい、（ペットを）2匹買っています。犬1匹と猫1匹です。

 ここに注目！

代名詞 en がどのように名詞を置き換えているかに注目しよう。

- 代名詞 en がそれぞれ前の文のどの部分に置き換わっているのか観察し、それを□で囲みなさい。
- 囲った部分の名詞の性の違いを観察し、その性の違いが代名詞 en に反映されているかどうかを考えなさい。
- 囲った部分の限定詞（この場合は冠詞）を観察し、どのような冠詞かを考えなさい。
- 代名詞 en はどこに置かれるのかを観察しなさい。

COMPRENDRE 理解しよう！

中性代名詞 en

中性代名詞 en は次のような場合に用いる。

非特定の直接目的補語

直接目的補語が非特定の場合、すなわち、直接目的補語の名詞が不定冠詞(un / une / des)、部分冠詞(du / de la)、否定の de、数詞、数量副詞などの数量表現を伴うときは、中性代名詞 en で置き換える。（名詞の特定 / 非特定については、第 7 課の Point 1 を参照。）

なお、特定化された直接目的補語（固有名詞、あるいは、定冠詞 / 指示形容詞 / 所有形容詞を伴う名詞）の場合は、中性代名詞 en ではなく直接目的補語人称代名詞（le / la / les）を使う。詳しくは第 13 課を参照。

de が「～（事物）について」という意味で使われる場合

de が「～（事物）について」という意味で使われる場合は、「de + 事物」を中性代名詞 en で置き換える。例えば、以下のような動詞および動詞表現においてよく使われる。

> parler de ...（～について語る）, avoir besoin de ...（～が必要だ）, avoir peur de ...（～を恐れている）, se souvenir de ...（～を思い出す）

例： Je parle **de mon avenir**.　　僕は将来について話しているんだ。　→　J'**en** parle.
　　 Tu as besoin **de ton ordinateur** ?　君は自分のパソコンが必要ですか？　→　Oui, j'**en** ai besoin.

＊「de + 人」の場合は、中性代名詞 en よりもむしろ「de + 強勢形人称代名詞」が用いられる。詳しくは「理解を深めるため」にを参照。

de（～から） + 場所をあらわす名詞

「～から」という場所を示す前置詞句（「de + 場所を表す名詞」）は、中性代名詞 en で置き換えられる。

例： Il vient **de son hôtel**.　　彼は彼のホテルから来ます。　→　Il **en** vient.

PRATIQUER 練習しよう！

中性代名詞 en

A 例にならって、中性代名詞 en を使って答えなさい。

例：Tu veux de la confiture ? → Oui, j'en veux.
1. Tu prends des frites ? → _____
2. Vous mettez du lait dans votre thé ? → _____
3. Il prend du vin à table ? → _____
4. Il y a du pain ? → _____
5. Vous avez des amis français ? → _____

B 例にならって、中性代名詞 en および括弧内の数量表現を使って答えなさい。

例：Tu as des chats ? (2) → Oui, j'en ai deux.
1. Tu as des enfants ? (4) → _____
2. Vous prenez des sandwichs ? (3) → _____
3. Tu as des sœurs ? (1) → _____
4. On a des pommes ? (beaucoup) → _____
5. Tu as du lait ? (assez) → _____
6. Il y a combien d'assiettes sur la table ? (5) → _____
7. Tu as combien d'étudiants dans ta classe ? (10) → _____

Le pronom neutre : y 中性代名詞 y

 OBSERVER 観察しよう！

Tu vas au cinéma ce soir ? — Oui, j'**y** vais.	君は今夜映画を観に行く？ うん、そこに（映画に）行くよ。
Tu vas à la banque ? — Oui, j'**y** vais.	君は銀行に行く？ うん、そこに（銀行に）行くよ。
Nous habitons en France. → Nous **y** habitons.	私達はフランスに住んでいる。 私達はそこに（フランスに）住んでいる。
Vous habitez à Paris. → Vous **y** habitez.	あなたはパリに住んでいる。 あなたはそこに（パリに）住んでいる。
La clé est dans la voiture. → Elle **y** est.	その鍵は車の中にある。 それはそこに（車の中に）ある。

ここに注目！

代名詞 y がどのように名詞を置き換えているかに注目しよう。

- 代名詞 y がそれぞれ前の文のどの部分に置き換わっているのか観察し、それを□で囲みなさい。
- 囲った部分の名詞の性の違いを観察し、その性の違いが代名詞 y に反映されているかどうかを考えなさい。
- 代名詞 y はどこに置かれるのか観察しなさい。

COMPRENDRE 理解しよう！

I. 中性代名詞 y

中性代名詞 y は次のような表現を置き換えるのに用いる。

à, dans, en など（〜に、へ）　＋　場所をあらわす名詞

「〜に、へ」という場所を示す状況補語（「前置詞 à, dans, en など + 場所を表す名詞」）は、中性代名詞 y で置き換えられる。

例：　Tu vas **au cinéma** ce soir ?　　　今夜映画に行くの？
　　　— Oui, j'**y** vais.　　　　　　　　うん、（映画へ）行くよ。

à が「〜（事物）について」という意味で使われる場合

à が「〜（事物）について」という意味で使われる場合は、「à + 事物」を中性代名詞 y で置き換える。以下のような動詞でよく使われる。

> penser à（〜について考える），réfléchir à（〜についてじっくり考える），croire à（〜を信じる）

例：　Je pense **à mes vacances**.　　　私は休暇のことを考えています。　　→　J'**y** pense.
　　　Nous réfléchissons **à ce problème**.　私たちはこの問題をよく考えてみます。　→　Nous **y** réfléchissons.

＊「à + 人」の場合は、中性代名詞 y よりもむしろ「à + 強勢形人称代名詞」が用いられる。詳しくは「理解を深めるため」にを参照。

II. 中性代名詞 en, y を用いた否定文

中性代名詞 en, y を用いた否定文の語順は、それぞれ次のようになる（目的補語人称代名詞の場合と同じく、中性代名詞も常に動詞の直前に置く）。

PRATIQUER 練習しよう！

I. 中性代名詞 y

例にならって、中性代名詞 y を使って答えなさい。

例：Tu vas à Paris ? → Oui, j'y vais.

1. Vous allez à Osaka ? → _____
2. Tu travailles à la banque ? → _____
3. Tu restes à cet hôtel ? → _____
4. Elise habite à Paris ? → _____
5. Ils habitent dans cet appartement ? → _____
6. Quand est-ce que René va à la poste ? → Il _____ cet après-midi.
7. Comment Elise va à la fac ? → Elle _____ en bus.

II. 中性代名詞 en, y を用いた否定文

A 例にならって、中性代名詞 en を使って否定文で答えなさい。

例：Tu veux de l'eau ? → Non, je n'en veux pas.

1. Vous avez des frères et sœurs ? → _____
2. Tu mets du sucre dans ton café ? → _____
3. Vous portez des bijoux ? → _____
4. Vous mangez de la viande ? → _____

B 例にならって、中性代名詞 y を使って否定文で答えなさい。

例：Tu vas à Paris ? → Non, je n'y vais pas.

1. Vous allez à Nara ? → _____
2. Tu travailles à la mairie ? → _____
3. Tu restes dans cet hôtel ? → _____
4. René habite à Paris ? → _____
5. Vous retournez dans votre pays ? → _____

フランスの窓

インド洋に浮かぶ海外県のレユニオン島。火山により形成された独特の壮大な景観は世界自然遺産に登録されている。

南米大陸の北東部に位置する海外県の仏領ギアナは、20世紀半ばまで政治犯の流刑地であった。現在は国立宇宙センターがある。

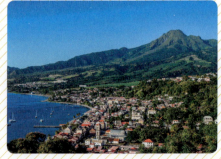
カリブ海の海外県マルティニーク島。奴隷貿易の歴史が刻まれているが、被抑圧民の言語や文化を高揚させる運動の中心ともなった。

中性代名詞 en, y を用いた慣用句

日常的によく使用される慣用句の中には、中性代名詞 y と en を使うものがある。これらは慣用句であり、y や en が具体的に何かを置き換えているわけではないので、そのまま暗記して使えるようにするのがよい。

I. il y a：「～がある」

英語の「there is / there are」にあたり、「～がある」という意味である。（詳しくは第2課を参照）

例：　　　Il y a un problème.　　　　　　　　　　問題があります。
　　　　　Il y a beaucoup de touristes à Paris.　　パリには観光客がたくさんいます。

II. y aller：「行く・出発する」

「そこに行く」という文字通りの意味になるときもあるが、状況によって「出発する」、「始める」、「先にどうぞ」といった意味でも使われる。

例：　　　J'y vais.　　　　　　　行きます（出発します）。
　　　　　Vas-y.　　　　　　　　行って。始めて。どうぞ。
　　　　　Allez-y.　　　　　　　行って下さい。始めてください。どうぞ。

III. s'en aller：「～から立ち去る」

s'en aller「～から立ち去る」では、中性代名詞 en は特に意味を持たずに用いられている。

例：　　　Tu t'en vas ?　　　　　　　行っちゃうの？
　　　　　— Oui, je m'en vais.　　　　うん、行くよ。

曜日、月、季節

曜日	
月曜日	lundi
火曜日	mardi
水曜日	mercredi
木曜日	jeudi
金曜日	vendredi
土曜日	samedi
日曜日	dimanche

月			
1月	janvier	7月	juillet
2月	février	8月	août
3月	mars	9月	septembre
4月	avril	10月	octobre
5月	mai	11月	novembre
6月	juin	12月	décembre

季節	
春	le printemps
夏	l'été
秋	l'automne
冬	l'hiver

Le subjonctif présent 17
接続法現在

- 接続法現在の作り方
- 接続法現在の用法

フランス語の動詞は時制だけでなく、話し手の心的態度を表す「法（叙法）」によって活用が定められることを15課で学んだ。これまで、動詞の内容を現実・確実なものとして述べる「直説法」、命令の意志をもって述べる「命令法」、非現実・不確実なものとして述べる「条件法」を学習してきた。この課では新たに「接続法」と呼ばれる法を扱う。接続法は単独で用いられる事はほとんどなく、話し手の主観を示す様々な表現の従属節のなかで使われるので、そうした接続法を導く具体的な表現と組み合わせて覚えていくと効果的である。

Point 1 　Le subjonctif présent　接続法現在の作り方

OBSERVER　観察しよう！

直説法現在	接続法現在
Je dois finir mon travail.	Il faut que je finiss**e** mon travail.
Tu dois finir ton travail.	Il faut que tu finiss**es** ton travail.
Il doit finir son travail.	Il faut qu'il finiss**e** son travail.
Nous devons finir notre travail.	Il faut que nous finiss**ions** notre travail.
Vous devez finir votre travail.	Il faut que vous finiss**iez** votre travail.
Ils doivent finir leur travail.	Il faut qu'ils finiss**ent** leur travail.

ここに注目！

A 「助動詞 devoir + 不定詞」を用いた左側の文と、非人称表現「il faut que + 動詞の接続法」を用いた右側の文はどちらも「〜しなければならない」という同じ意味の文章である。

右側の文に太字で示されているのが接続法現在の語尾である。それを右表に書き出しなさい。

B 動詞 finir の直説法現在の活用を下の表に書き、その隣に上の例文で使われているの接続法現在の活用を書き写し、それぞれの形を比較しなさい。（動詞 finir の活用については第3課参照。）

接続法現在の語尾	
je	-
tu	-
il / elle	-
nous	-
vous	-
ils / elles	-

動詞　finir		
主語人称代名詞	直説法現在	接続法現在
je		
tu		
il / elle		
nous		
vous		
ils / elles		

COMPRENDRE 理解しよう！

接続法現在の作り方

| 接続法現在の作り方：動詞 penser |||
主語人称代名詞	語幹	語尾
je		-e
tu	pens-	-es
il / elle	（直説法現在の	-e
nous	3人称複数形の語幹）	-ions
vous	* 不規則な語幹をもつ重要動詞も多い。	-iez
ils / elles		-ent

| 接続法現在の活用例：動詞 penser ||
主語人称代名詞	接続法現在
je	pense
tu	penses
il / elle	pense
nous	pensions
vous	pensiez
ils / elles	pensent

例外1：語幹・語尾ともに不規則な重要動詞

| 動詞 avoir ||
主語人称代名詞	接続法現在
j'	aie
tu	aies
il / elle	ait
nous	ayons
vous	ayez
ils / elles	aient

| 動詞 être ||
主語人称代名詞	接続法現在
je	sois
tu	sois
il / elle	soit
nous	soyons
vous	soyez
ils / elles	soient

例外2：語幹が不規則な重要動詞 *

| | 接続法語幹 ||
不定詞	je, tu, il / elle, ils / elles	nous, vous
aller	aill-	all-
prendre	prenn-	pren-
venir	vienn-	ven-

* 第1群規則動詞の場合は、1〜3人称単数および3人称複数の接続法現在と直説法現在は形が同じになる。また1・2人称複数の接続法現在は直説法半過去と形が同じになる。どちらかは文脈によって判断する。

* 左の表のように1〜3人称単数および3人称複数の接続法現在語幹と1・2人称複数の接続法現在語幹が異なる動詞もある。

	pouvoir	faire	aller	prendre	savoir	venir
je (j')	puisse	fasse	aille	prenne	sache	vienne
tu	puisses	fasses	ailles	prennes	saches	viennes
il / elle	puisse	fasse	aille	prenne	sache	vienne
nous	puissions	fassions	allions	prenions	sachions	venions
vous	puissiez	fassiez	alliez	preniez	sachiez	veniez
ils / elles	puissent	fassent	aillent	prennent	sachent	viennent

PRATIQUER 練習しよう！

I. 接続法現在：規則的な動詞

A 正しい活用になるよう空欄に接続法現在の語尾を入れ、文全体の意味を考えなさい。

1. Il faut que (qu')
   - je mang _____ rapidement.
   - tu mang _____ plus.
   - il mang _____ plus vite.
   - nous mang _____ moins.
   - vous mang _____ dans une heure.
   - ils mang _____ mieux.

2. Il faut que (qu')
   - je choisiss _____ des cadeaux pour Noël.
   - tu choisiss _____ tes cours à la fac.
   - il choisiss _____ une carte.
   - nous choisiss _____ un dessert.
   - vous choisiss _____ une nouvelle robe.
   - ils choisiss _____ une couleur pour leur voiture.

3. Il faut que (qu')
   - je part _____ après le cours.
   - tu part _____ dans dix minutes.
   - il part _____ vite pour prendre le bus.
   - nous part _____ bientôt.
   - vous part _____ rapidement.
   - ils part _____ tout de suite.

B 直説法現在の3人称複数の形を書き、さらに指定された人称で接続法現在に活用させなさい。

	不定詞		直説法現在の3人称複数		接続法現在
1.	réfléchir	→	ils	→	tu
2.	écrire	→	ils	→	vous
3.	mettre	→	ils	→	je
4.	dire	→	ils	→	tu
5.	répondre	→	ils	→	je

II. 接続法現在：不規則な動詞

A 括弧内の動詞を接続法現在に活用させ、文の意味を考えなさい。

1. Il faut que vous _____ (être) là à midi.
2. Il faut que nous _____ (avoir) ces informations.
3. Il faut que tu _____ (aller) chez le médecin.
4. Il faut que je _____ (faire) mes devoirs.
5. Il faut qu'ils _____ (pouvoir) venir à ton anniversaire.
6. Il faut que tu _____ (comprendre) la situation.
7. Il faut que je _____ (être) prête pour mes examens.
8. Il faut qu'elle _____ (savoir) conduire pour son travail.
9. Il faut que tu _____ (venir) chez nous.
10. Il faut que vous _____ (prendre) le bus pour aller au campus.
11. Il faut que vous _____ (avoir) du temps pour partir en vacances.
12. Il faut que vous _____ (aller) voir cet excellent film.
13. Il faut que nous _____ (faire) une surprise pour son anniversaire.
14. Il faut que tu _____ (pouvoir) me dire la vérité.

B 例のように接続法現在の文に書き換えなさい。

例：Je dois maigrir. → Il faut que je maigrisse.

1. Tu dois réfléchir. → Il faut que _____
2. Élise doit écrire un texte. → _____
3. Nous devons assister à ce cours. → _____
4. Je dois aller le voir. → _____
5. Ils doivent choisir un restaurant. → _____
6. Vous devez faire le ménage chez vous. → _____
7. Tu dois être à l'heure. → _____
8. Je dois avoir de l'argent pour partir en voyage. → _____

Point 2 Emplois du subjonctif 接続法現在の用法

OBSERVER 観察しよう！

Il faut que je finisse mes devoirs.	私は宿題を終えなければなりません。
Il est possible que je sois en retard.	私は遅れるかもしれません。
C'est dommage que tu ne sois pas là.	君がいてくれなくて残念です。
Je suis content que tu sois là.	私は、君がいてくれてうれしいです。
Je suis triste qu'il parte maintenant.	私は、彼が行ってしまうのが悲しいです。
J'ai peur qu'il ne vienne pas.	私は彼が来ないのではないかと恐れています。

ここに注目！

A 上の例文では que から始まる従属節で接続法現在が使われている。そして太字で書かれた部分が、接続法を導く表現である。まずはそれらの表現を書き出してみよう。

B 次にそれらの表現の意味を考えてみよう。

COMPRENDRE 理解しよう！

接続法現在の用法

接続法現在は、話し手の主観や感情を示す様々な動詞や表現の従属節の中や一部の副詞節において使われる。ただし、主観や感情を示す表現がすべて接続法を導くわけでないので、まずは日常的によく使われる、接続法をともなう表現をきちんと覚えていこう。

主節が義務、可能性、願望そのほか話し手の主観や感情を示す表現の従属節

A 非人称表現

- **il faut que ...**　「〜しなければならない，〜でなければならない」：義務や必要を示す表現
  例：Il faut que Pierre finisse son travail.　ピエールは宿題を終えねばならない。

- **il est possible que ... / c'est possible que ...**　「〜かもしれない」：可能性を示す表現
  例：Il est possible que Pierre soit malade.　ピエールは病気かもしれない。

- **c'est dommage que ...**　「〜とは残念だ」：失望を示す表現
  例：C'est dommage que tu ne comprennes pas.　君がわかってくれなくて残念だ。

B 人称表現

- **être content / triste que ...**　「〜でうれしい / 悲しい」：喜びや悲しみなどを表す表現
  例：Claire est contente que Pierre soit là.　クレールはピエールがいてくれて嬉しい。
  　　Pierre est triste que Sophie parte.　ピエールはソフィーが行ってしまうので悲しい。

- **souhaiter que ...**　「〜を望んでいる」：願望を示す表現
  例：Claire souhaite que Pierre vienne chez elle.　クレールはピエールに家に来て欲しい。

- **vouloir que ...**　「〜をして欲しいと（強く）望んでいる」：強い願望を示す表現
  例：Je veux que tu fasses un effort.　私はあなたに努力して欲しい。

- **avoir peur que ...**　「〜を恐れている」：恐れや不安を示す表現
  例：Claire a peur que Pierre ne vienne pas.　クレールはピエールが来てくれないことを恐れている。

  * ただし、人称表現で主節の主語と従属節の主語が同一の場合は従属節 + 接続法ではなく、不定詞を用いた以下のような構文となる。
    × Je suis content que je sois en vacances.　→　Je suis content d'**être** en vacances.
    × Je souhaite que je parte en vacances.　→　Je souhaite **partir** en vacances.

接続法を導く非人称表現、人称表現は他にもいろいろあるが、ここでは最も頻繁に使われるもののみを挙げる。これらの表現は一覧のかたちで覚えるよりも、具体的な文脈の中で使われているのを見て覚えていくのがよい。

avant que, pour que などをはじめとする接続詞句に導かれる副詞節で

- **avant que ...**　「〜の前に」
- **pour que ...**　「〜のために」
- **bien que ...**　「〜だけれども」
- **à condition que ...**　「〜という条件で」

* 他にも接続法を導く接続詞句はたくさんあるが、ここでは最小限にとどめておく。

時、目的、譲歩、条件などを示す一部の接続詞句に導かれる副詞節の中でも接続法現在が使われる。

例：　Je vais sortir **avant qu'**il pleuve.　雨が降る前に私は出かけます。

　　J'ai acheté ce livre **pour que** tu comprennes l'histoire française.
　　君がフランス史を理解するようにと私はこの本を買いました。

　　Bien qu'il pleuve, je vais sortir.
　　雨が降っているけれども私は出かけます。

　　Il viendra **à condition que** tu sois là.
　　君がいるなら、彼は来るでしょう。

PRATIQUER 練習しよう!

接続法現在の用法

括弧内の動詞を接続法現在にして入れ、文の意味を考えなさい。

1. Il est possible que le train _____ (arriver) en retard.
2. Il est important que vous _____ (comprendre) notre situation.
3. Il est dommage que vous ne _____ (pouvoir) pas venir.
4. Pierre est content que Sophie _____ (être) là.
5. J'ai peur que l'avion _____ (avoir) un accident.
6. Je veux qu'elle _____ (venir).
7. Mes parents travaillent beaucoup pour que je _____ (pouvoir) faire des études.
8. Finis tes devoirs avant qu'on _____ (partir) en vacances.
9. Bien que son enfant _____ (être) malade, Pierre est allé au travail.
10. Tu peux venir avec moi, à condition que nous _____ (avoir) de la place.

フランスの窓

現代英語の語彙の起源

ゲルマン諸語起源(約30%)

英語	オランダ語	ドイツ語
good	goed	gut
speak	spreken	sprechen
earth	aarden	Erde

ロマンス諸語起源(約60%)

英語	フランス語	ラテン語
round	rond	ROTUNDUS
line	ligne	LINEA
pork	porc	PORCUS

南仏のサン＝レミ・ド・プロヴァンスの街角にある看板。通り名がフランス語とオクシタン語で表記されている。

ドイツと境を接するストラスブールの一角にある看板。アルザス語が併記されている。

変動はあるが、フランス語を母語として話す人は約8,000万人、フランス語を第2言語として話す人は約1億9,000万人、合計で約2億7000万人のフランス語話者がおり、その大半はヨーロッパ(フランス、ベルギー、スイス)とアフリカ(セネガル、モロッコ、コンゴなど)にいる。計84の国がフランコフォニー国際機関(OIF：フランス語が話されている国の共同体)に加盟している(2016年、準加盟国とオブザーバーも含む)。毎年3月20日が記念日となっており、各地でフランス語・文化関連のイベントが行われる。

フランス語は英語の語彙にも影響を与えている。英語はゲルマン語派に属しドイツ語に近い言語であるが、11世紀にフランスのノルマンディー公がイングランドを征服して以来、英語にはフランス語・ラテン語起源の言葉が多く入ってくるようになった。例えば、英語の動物の単語(豚pig / 牛cow, bull, ox)は、それぞれの食用肉に対してはフランス語起源の単語(豚肉pork / 牛肉beef)が当てられている。現代英語の語彙の約30%がゲルマン諸語、60%がロマンス諸語(35%がフランス語、25%がラテン語)、10%がその他の言語に起源がある。

フランス憲法ではフランス語が(フランス)共和国の唯一の言語と位置付けられている。しかし実際のところフランスには幾つかの地方言語(langues régionales)が存在している。ブルターニュのブルトン語、アルザス地方のアルザス語、南部のオクシタン語、バスク地方のバスク語などが代表的である。地方言語には公用語の地位はないものの、そうした地方では道路標識がフランス語と地方言語の2言語表記になっているのを見かける。バカロレア試験でも言語科目として外国語と並んで10を越える地方言語を選択することができる。

第1課

Dictée 書き取り

以下に示す例文にはこの課の文法項目が凝縮されています。例文を読み上げた音声ファイルを何度も聴いて自分でもきちんと声を出して読み上げ、書き取る練習を重ねてください。

Je visite Paris. Je parle français. J'aime Paris.
Tu visites Paris. Tu parles français. Tu aimes Paris.
Ils visitent New York. Ils parlent anglais.
Il visite New York. Il parle anglais.

Point 1 主語人称代名詞

動詞の活用の形をみて、正しい主語代名詞を入れなさい。

1. _____ parlez anglais ?
2. _____ 'habite à Kobe.
3. _____ travaillons à Nagoya.
4. _____ aiment la musique ?
5. _____ manges ici ?

Point 2 第1群規則動詞（–er 動詞）

例に従って書き換えなさい。

例： habiter à Kyoto → **Vous** habitez à Kyoto.
　　parler japonais → Vous parlez japonais.
　　aimer Paris → Vous aimez Paris.

1. aimer Mozart → **Tu**
　　habiter à Bordeaux →
　　travailler à Bordeaux →
2. habiter à Lyon → **Ils**
　　aimer Chopin →
　　visiter Toulouse →
3. aimer Marseille → **Nous**
　　habiter à Nice →
　　travailler à Nice →
4. habiter à Paris → **Léa**
　　adorer Debussy →
　　chercher Élise →
5. travailler à Paris → **Je**
　　habiter à Versailles →
　　aimer Ravel →

第2課

Dictée 書き取り

Je suis étudiant. J'ai 20 ans. Tu es journaliste.
Tu as 30 ans. Ils sont musiciens. Ils ont 40 ans.
Vous avez un problème ?
— Oui, nous avons un problème.

Point 1 不規則動詞 être と avoir の活用

A 動詞 être を正しく活用させて空欄を埋めなさい。

1. Je _____ musicien.
2. Tu _____ photographe.
3. Il _____ étudiant.
4. Elle _____ étudiante.
5. Nous _____ journalistes.
6. Vous _____ professeur(s).
7. Ils _____ étudiants.
8. Elles _____ étudiantes.
9. Nous _____ lycéens.
10. Vous _____ pianiste(s).

B 動詞 avoir を正しく活用させて空欄を埋めなさい。

1. Elles _____ un sac.
2. Nous _____ un piano.
3. Vous _____ un dictionnaire.
4. Tu _____ un ticket.
5. Il _____ un appartement.
6. J' _____ un problème.

Point 2 命令形

命令文にしなさい。

1. Vous regardez.
　→
2. Tu expliques.
　→
3. Nous regardons.
　→
4. Tu achètes.
　→
5. Vous commencez.
　→

第3課

Dictée 書き取り

Tu es français ? — Non, je ne suis pas français.
Est-ce que vous êtes japonais ?
— Non, nous ne sommes pas japonais.
Parlez-vous français ? — Non, je ne parle pas français.
Vous n'aimez pas le chocolat ? — Si, j'adore le chocolat.

Point 1 否定文

否定文にしなさい。

1. Je suis chinois.
   → _____
2. Vous travaillez.
   → _____
3. Ils aiment Paris.
   → _____
4. Nous visitons Strasbourg.
   → _____
5. Tu as 20 ans.
   → _____
6. Elle habite à Nantes.
   → _____

Point 2 「はい・いいえ」で答える疑問文

次の答えにつながるような疑問文を書きなさい。

— Oui, j'habite à Kobe.　　はい、神戸に住んでいます。

tu / 標準的な言い方1：
　→ _____ ?
tu / 標準的な言い方2：
　→ _____ ?
tu / ややかたい言い方：
　→ _____ ?
vous / 標準的な言い方1：
　→ _____ ?
vous / 標準的な言い方2：
　→ _____ ?
vous / ややかたい言い方：
　→ _____ ?

不規則な -ir 動詞の活用

sortir, partir, dormir の中からふさわしいものを選び、正しく活用させて空欄に入れなさい。

1. Vous _____ ce soir ?
   あなたは今晩外出しますか？
2. Oui, je _____ avec René et Mélanie.
   ええ、私はルネとメラニーと外出します。
3. Vous _____ beaucoup ?
   あなたはたくさん眠りますか？
4. Je ne _____ pas beaucoup.
   いいえ、わたしはたくさんは眠りません。
5. Vous _____ aujourd'hui ?
   あなたは今日出発しますか？
6. Oui, je _____ aujourd'hui.
   ええ、私は今日出発します。
7. Ils _____ trop !
   彼らは眠りすぎです！
8. Elles _____ demain.
   彼女たちは明日出発します。

第4課

Dictée 書き取り

Paul est intelligent. Vanessa est intelligente.
Les amies de Vanessa sont intelligentes.
Vanessa est plus grande que Paul.
Le café italien est meilleur que le café français.

Point 1 名詞

A 男性名詞に対応する女性名詞を書きなさい。

1. un Japonais　→　une _____
2. un ami　→　une _____
3. un pianiste　→　une _____
4. un musicien　→　une _____
5. un Italien　→　une _____
6. un cuisinier　→　une _____
7. un danseur　→　une _____
8. un acteur　→　une _____

復習問題　**125** • cent vingt-cinq

B 複数形にしなさい。

1. un problème → des _____
2. une question → des _____
3. une amie → des _____
4. un cours → des _____
5. un animal → des _____
6. un gâteau → des _____
7. un œil → des _____
8. un travail → des _____

Point 2 品質形容詞

A 以下の形容詞を女性形にしなさい。

1. intelligent → _____
2. jeune → _____
3. gros → _____
4. blanc → _____
5. exceptionnel → _____
6. bon → _____
7. étranger → _____
8. heureux → _____
9. sportif → _____
10. beau → _____

B 以下の形容詞を複数形にしなさい。

1. sérieuse → _____
2. sérieux → _____
3. national → _____
4. beau → _____
5. nouveau → _____

C 主語に合わせて形容詞をふさわしい形にしなさい。

1. Le gâteau est bon.
   → La tarte est _____
2. Elle est traditionnelle.
   → Il est _____
3. Il est naïf.
   → Elle est _____
4. C'est un appartement cher.
   → C'est une maison _____
5. C'est un pianiste italien.
   → C'est une pianiste _____
6. C'est un chanteur français.
   → C'est une chanteuse _____
7. C'est un homme merveilleux.
   → C'est une femme _____

D 主語に合わせて動詞と形容詞をふさわしい形にしなさい。

1. L'exercice est difficile.
   → Les exercices _____
2. Le texte est intéressant.
   → Les textes _____
3. La maison est vieille.
   → Le monument _____
4. Il est heureux.
   → Elles _____
5. Il est agressif.
   → Elle _____
6. Le livre est cher.
   → Les livres _____
7. La tarte est bonne.
   → Les tartes _____
8. Il est beau.
   → Ils _____

E 正しい順序に並べかえなさい。

1. vieille / une / bibliothèque
   → _____
2. belle / une / ville
   → _____
3. rouge / une / veste
   → _____
4. sac / noir / un / vieux
   → _____
5. dessert / italien / un / bon
   → _____
6. studio / un / confortable / petit
   → _____
7. histoire / intéressante / une / vieille
   → _____

比較級

A 例にならって括弧内の形容詞を比較級にした文を作りなさい。形容詞の性数一致に注意。

例：Jean : 180 cm / René : 170 cm / [grand]
   → Jean est plus grand que René.

1. Caroline : 170 cm / Juliette : 160 cm / [grand]
   → Caroline est _____
2. René : 80 kg / Jean : 80 kg / [lourd]
   → René est _____
3. Caroline : 20 ans / Juliette : 30 ans / [jeune]
   → Caroline est _____
4. Nicolas : 1000 euros / Jacques : 10 000 euros / [riche]
   → Nicolas est _____
5. Éva : 55 kg / Élise : 55 kg / [lourd]
   → Éva est _____

B 形容詞 bon の優等比較級をつかって文を作りなさい。

1. Le vin californien est bon.
   → Le vin français est _____
2. La cuisine italienne est bonne.
   → La cuisine française est _____
3. Les pâtisseries françaises sont bonnes.
   → Les pâtisseries japonaises sont _____
4. Les résultats de Sylvie sont bons.
   → Les résultats de Juliette sont _____

C 例にならって比較級を使った文を作りなさい。形容詞の性数一致に注意。

例：Élise [= joli] Catherine.
→ Élise est aussi jolie que Catherine.

1. Éva et Sophie [< grand] Manon et Catherine.
   → _____
2. Thomas [> intéressant] Jean-Jacques.
   → _____
3. Le mont Fuji [< haut] l'Everest.
   → _____
4. Le Shinkansen [= rapide] le TGV.
   → _____
5. Le studio d'Élise [> petit] la chambre de René.
   → _____
6. La voiture de Christian [= vieux] la voiture de Jacques.
   → _____

第 5 課

Dictée 書き取り

Ce studio est beau. Cette maison est belle.
Mon père parle anglais. Ma mère parle allemand.
Mes parents habitent à Berlin.
Il a deux chats. Ses chats sont noirs.
Ils ont deux chats. Leurs chats sont noirs.

Point 1 指示形容詞

_____ に指示形容詞を入れ、___ に自由に形容詞を入れて文にしなさい。

例　_____ philosophe est _____
    → Ce philosophe est français.
1. _____ actrice est _____
2. _____ étudiants sont _____
3. _____ artiste est _____
4. _____ professeur est _____
5. _____ athlètes sont _____

Point 2 所有形容詞

son, sa, ses, leur, leurs の中から適切な所有形容詞を選んで書きなさい。

1. Élise invite _____ cousine pour un thé.
   エリーズは従姉妹をお茶に招きます。
2. Les étudiants révisent _____ leçons.
   学生たちはレッスンの復習をします。
3. Les étudiants écoutent _____ professeur.
   学生たちは先生の話を聞きます。
4. Marie pense à _____ vacances.
   マリーはバカンスのことを考えます。
5. Paul écoute _____ professeur.
   ポールは先生の話を聞きます。
6. Élisabeth parle à _____ directeur.
   エリザベートは上司に話します。
7. Roméo et Juliette pensent à _____ mariage.
   ロミオとジュリエットは結婚について考えます。
8. Paul regarde _____ montre.
   ポールは腕時計を見ます。

9. Les parents organisent une fête pour _____ enfants.
   両親は子どもたちのためにパーティを企画します。

第6課

Dictée 書き取り

Paul mange un croissant. Il y a des croissants à la boulangerie.
Le matin, je prends du pain avec de la confiture.
Pierre mange du poisson.
Sophie est végétarienne. Elle ne mange pas de poisson.

Point 1 不定冠詞と部分冠詞の使い分け

A 空欄に適切な冠詞を書き入れなさい。

1. Le matin, je mange _____ croissant (m).
2. En hiver, je mange _____ oranges (f).
3. Vous mangez _____ viande (f) ?
4. Les Français prennent _____ thé (m) ou _____ café (m) le matin.
5. Je voudrais _____ sandwich (m), s'il vous plaît !
6. Je prends _____ eau (f).
7. Les Français prennent _____ vin (m).
8. Vous avez _____ argent (m) ?
9. Nous avons _____ poissons (m) rouges.
10. Est-ce que tu prends _____ vin (m) ?

B 正しい冠詞を□で囲みなさい。

1. Il mange [un / du] sandwich et il boit [une / de l'] eau.
2. Nous mangeons souvent [des / du] spaghettis le soir.
3. Vous prenez [de l' / du] Coca ?
4. Je prends [du / des] café le matin.
5. Ils mangent [un / du] pain avec [un / du] beurre.

Point 2 否定の de

次の文を否定形にしなさい。

例：Elle mange du pain. → Elle ne mange pas de pain.

1. Il prend du café.
   →
2. Vous prenez de l'eau ?
   →
3. Nous mangeons un sandwich.
   →
4. Ils mangent des légumes.
   →
5. Vous avez de la chance.
   →
6. Elle a une voiture.
   →

c'est …, ce sont …と il / elle est …, ils / elles sont … の用法

A C'est または Ce sont のうち正しい方を書き入れなさい。

1. _____ un étudiant.
2. _____ des touristes.
3. _____ le professeur de français.
4. _____ un monument célèbre.
5. _____ les joueurs de l'équipe de France.

B Il est または Ils sont のうち正しい方を書き入れなさい。

1. _____ journaliste.
2. _____ étudiant à Paris.
3. _____ sympathiques.
4. _____ riches et célèbres.

C C'est, Ce sont, Il est, Ils sont のうち正しいものを書き入れなさい。

1. _____ un acteur.
2. _____ étudiants à Paris.
3. _____ acteur de théâtre.
4. _____ des voisins.
5. _____ une pianiste de jazz.

第7課

Dictée 書き取り

Je mange du chocolat. J'aime le chocolat.
C'est un temple. C'est le temple Kiyomizu.
Il aime la musique classique.
Il n'aime pas la viande. Il ne mange pas de viande.

Point ◯ 定冠詞

結びつけなさい。

Il aime　　le　·　　　·　nature.
　　　　　la　·　　　·　café.
　　　　　l'　·　　　·　films de Kurosawa.
　　　　　les　·　　　·　musique.
　　　　　　　　　　·　rues de Paris.
　　　　　　　　　　·　tour Eiffel.
　　　　　　　　　　·　eau d'Evian.
　　　　　　　　　　·　région parisienne.
　　　　　　　　　　·　foot.

定冠詞・不定冠詞・部分冠詞の使い分け

A 正しい冠詞を書き入れなさい。

1. Je prends _____ bière. J'aime _____ bière !
2. J'aime bien _____ pain, mais je préfère _____ croissants.
3. Tu aimes _____ animaux ?
4. Les Japonais aiment _____ pain mais ils préfèrent _____ riz.
5. J'adore _____ chats. J'ai _____ chat, il s'appelle Minou.

B 次の会話内の空欄に適切な冠詞（不定冠詞、部分冠詞、もしくは定冠詞）を書き入れなさい。

A : Le matin, est-ce que tu prends _____ café ?
B : Non, je n'aime pas _____ café, mais j'aime beaucoup _____ thé. Et toi ? Tu prends _____ café ou _____ thé ?
A : Je préfère _____ café. Et qu'est-ce que tu manges ?
B : Je mange _____ pain avec _____ beurre et _____ confiture.

A : Ah bon ? Moi, je mange juste _____ pomme.

第8課

Dictée 書き取り

Moi, je vais à la poste et au supermarché.
Elle, elle vient de Nice, elle va à l'université en Italie.
Nous, nous allons aller en Espagne, à Barcelone.
Lui, il va travailler dans une banque.
Eux, ils comprennent le chinois.

Point 1 不規則動詞 aller と venir の活用

A 正しい文となるよう線でつなぎなさい。

1. Je　　·　　　·　allons à Strasbourg.
2. Tu　　·　　　·　vont à Nice.
3. Il　　·　　　·　vas à Lyon.
4. Nous　·　　　·　vais à Kyoto.
5. Vous　·　　　·　va à Barcelone.
6. Ils　　·　　　·　allez à Berlin.

B 正しい文となるよう線でつなぎなさい。（複数回答可）

1. Je　　·　　　·　venez de Strasbourg.
2. Tu　　·　　　·　vient de Nice.
3. Il　　·　　　·　viennent de Lyon.
4. Nous　·　　　·　viens de Kyoto.
5. Vous　·　　　·　viens de Barcelone.
6. Ils　　·　　　·　venons de Berlin.

前置詞と冠詞の縮約

à la, au, à l', de la, du, de l' を使って空欄を埋めなさい。

1. Ce soir, on va _____ bistro.
2. Tu viens _____ bibliothèque.
3. Elle est _____ boulangerie.
4. Elles vont _____ université.
5. Nous venons _____ club de sport.
6. Je sors _____ bain.
7. Il va _____ bureau.
8. Il revient _____ bureau.
9. Vous revenez _____ étranger.
10. Ils vont _____ épicerie.

復習問題　129 • cent vingt-neuf

Point 2 近接未来

A 近接未来にして書き換えなさい。

例：Aujourd'hui, je sors à 7 heures. (demain, 6 heures)
→ Demain, je vais sortir à 6 heures.

1. Aujourd'hui, je prends le taxi. (demain, le bus)
→ _____
2. Aujourd'hui, je déjeune à la cafétéria.
(demain, le bistro)
→ _____
3. Aujourd'hui, je parle avec mes amis.
(demain, mes parents)
→ _____
4. Aujourd'hui, je finis de travailler à 6 heures.
(demain, 5 heures)
→ _____
5. Aujourd'hui, tu prends un café. (demain, un thé)
→ _____
6. Aujourd'hui, il est content. (demain, mécontent)
→ _____
7. Aujourd'hui, elle a vingt ans. (demain, 21 ans)
→ _____
8. Aujourd'hui, elles viennent à midi.
(demain, une heure)
→ _____

B 否定文にしなさい。

1. Je vais sortir ce soir.
→ _____
2. Les enfants vont jouer au parc.
→ _____
3. Tu vas aller à la bibliothèque.
→ _____
4. On va regarder ce film.
→ _____
5. Vous allez regretter.
→ _____

Point 3 強勢形人称代名詞

A 例にならって、応答文を空欄に書き入れなさい。

例：A： Tu vas en France cet été ! Et Éric (m) ?
B： Lui aussi.

1. A： Tu vas à Tokyo ce week-end ! Et Laurence (f) ?
B： _____
2. A： Vous allez aux États-Unis pendant les vacances !
Et Marc (m) et Sylvie (f) ?
B： _____
3. A： J'aime beaucoup ce bistro. Et toi ?
B： _____

B 空欄に強勢形人称代名詞を入れなさい。

1. Tu vas chez Paul ?
— Oui, je vais chez _____.
2. Paul sort avec Marie ?
— Non, il ne sort pas avec _____.
3. Marie habite chez ses parents ?
— Oui, elle habite chez _____.
4. C'est un cadeau pour toi.
— C'est pour _____ ? Oh, Merci !
5. Sur cette photo, c'est Pierre ?
— Oui, c'est _____.
6. Sur cette photo, c'est toi ?
— Oui, c'est _____.
7. Sur cette photo, c'est ta mère ?
— Oui, c'est _____.
8. Sur cette photo, ce sont tes parents ?
— Oui, ce sont _____.

前置詞 à と de：都市名と国名、大陸名

A 正しい方に ✓ をつけなさい。

1. Ils travaillent au
☐ Chine (fs)   ☐ Portugal (ms)
2. La sœur de Catherine étudie en
☐ Espagne (fs)   ☐ Brésil (ms)
3. Elle habite aux
☐ Philippines (fp)   ☐ Allemagne (fs)
4. Il est professeur en
☐ Luxembourg (ms)   ☐ Italie (fs)
5. Il veut voyager en
☐ Afrique (fs)   ☐ Canada (ms)

B 例に従って文を作りなさい。

例：Kyoto / Japon → Kyoto est au Japon.

1. Londres / Angleterre
 → _____
2. Lisbonne / Portugal
 → _____
3. Bruxelles / Belgique
 → _____
4. Rome / Italie
 → _____
5. Delhi / Inde
 → _____
6. Barcelone / Espagne
 → _____
7. Téhéran / Iran
 → _____
8. Berlin / Allemagne
 → _____

C 正しい方に ☑ をつけなさい。

1. Il est du
   ☐ Chine (fs)   ☐ Portugal (ms)
2. Aïcha vient d'
   ☐ Algérie (fs)   ☐ Maroc (ms)
3. Elle vient des
   ☐ Tunisie (fs)   ☐ États-Unis (mp)
4. Vous venez d'
   ☐ Amérique (fs) ☐ Suisse (fs)
5. Je viens du
   ☐ Mexique (ms)   ☐ Iran (ms)

D à, aux, de, d', des のいずれかを使って空欄を埋めなさい。

1. Je suis allemand, je viens _____ Cologne.
2. Elle habite _____ Lisbonne.
3. L'avion vient _____ New York.
4. Cet avion va _____ Moscou.
5. Mon ami vient _____ Espagne.
6. Il a un appartement _____ Vienne.
7. Nous voyageons _____ États-Unis.
8. Ce vol vient _____ Osaka.

第 9 課

Dictée 書き取り

— Quand est-ce que tu arrives ?
— Où est-ce que tu habites ?
— Qui travaille dimanche ?
— Qu'est-ce que tu fais dimanche ?
— Tu prends quel dessert ?
— Vous aimez quelle couleur ?

Point 1 疑問詞 où, quand, comment, combien, pourquoi

A 疑問詞 quand, où, combien, comment, pourquoi のいずれかを使って空欄を埋めなさい。

1. _____ est-ce que tu prends tes vacances ?
   — En août.
2. _____ tu ne prends pas l'avion ?
   — Parce que c'est trop cher.
3. _____ de temps tu restes ?
   — Deux semaines.
4. _____ tu voyages ?
   — En train.
5. _____ est la clé ?
   — Elle est sur la table.
6. _____ est-ce que tu reviens ?
   — Dans une heure.
7. Tu habites _____ ?
   — J'habite à Vichy.
8. _____ de croissants tu achètes ?
   — Cinq ou six.
9. Tu voyages _____ ?
   — En voiture.
10. Le cours commence _____ ?
    — Il commence à neuf heures.

B 表を完成させなさい。

標準的な言い方1
1. Vous habitez où ?
2. Vous partez quand ?
3. Vous êtes combien ?
標準的な言い方2
1.
2.
3.
ややかたい言い方
1.
2.
3.

C 正しい順番に並び替えなさい。

1. payer / Mario / est-ce que / peut / Combien / pour son dîner / ?
   →
2. vous / Quand / arrivez / est-ce que / ?
   →
3. elle / Où / habite / est-ce qu' / ?
   →
4. ne / Pourquoi / pas / tu / est-ce que / travailles / ?
   →
5. est-ce que / êtes / vous / Où / ?
   →
6. rentrez / vous / est-ce que / chez / Comment / vous / ?
   →

D 疑問詞 où, comment, combien, quand のいずれかを使って下線部を問う文を作りなさい。

例：J'habite en France.
  → Où est-ce que tu habites ? / Tu habites où ? / Où habites-tu ? / (Où tu habites ?)

1. Nous arrivons demain.
   →
2. Ils habitent à Londres.
   →
3. Je gagne 1000 euros par mois.
   →
4. Nous voyageons en avion.
   →
5. Je travaille dimanche.
   →

Point 2 疑問詞 qui, que / quoi

疑問詞 qu'est-ce que, quoi, qui のいずれかを使って空欄を埋めなさい。複数回答可。

1. _____ tu fais ?
2. Tu manges _____ ?
3. _____ parle coréen ?
4. Tu aimes _____ dans ce film ?
5. _____ vous faites pour les vacances ?
6. _____ tu manges au petit déjeuner ?

Point 3 疑問形容詞 quel

疑問詞 qui, quoi, quel, quelle のいずれかを使って空欄を埋めなさい。

1. Tu aimes _____ écrivain ?
2. _____ prend le taxi pour aller au travail ?
3. _____ est la capitale des États-Unis ?
4. _____ regarde la télé ?
5. Tu fais _____ demain ?
6. Vous choisissez _____ couleur ?
7. Vous achetez _____ dans ce magasin ?
8. Tu fais _____ sport ?

疑問詞のまとめ

日本語訳をフランス語にしなさい。

1. 何を食べているの？
   → Qu'est-ce que

2. 誰がテレビを観ているの？
   → Qui

3. どの本をあなたは選びますか？
   → Quel

4. いつ家に来ることができますか？
   → Quand est-ce que

5. なぜ彼女達は私達と食べないのですか？
   → Pourquoi est-ce qu'

6. どこにあなたは住んでいますか？
   → Où est-ce que

第10課

Dictée 書き取り

Tu te prépares rapidement.
Tu t'habilles rapidement.
Ma mère se repose. Mon père ne se repose pas.
Réveille-toi, ne te recouche pas !

1 代名動詞の活用

次の代名動詞を活用させなさい。

se doucher

je
tu
il / elle
nous
vous
ils / elles

s'appeler*

je
tu
il / elle
nous
vous
ils / elles

* 代名動詞 s'appeler の元になっている動詞 appeler「呼ぶ」の現在形の活用は、一部の人称で不定詞の語幹（appel-）とは異なる語幹（appell-）を用いるので注意が必要。第1課の「理解を深めるために」も参照。

→ j'appelle, tu appelles, il appelle, nous appelons, vous appelez, ils appellent

2 代名動詞の否定形

括弧内の動詞を現在形で活用し、否定形にして書きなさい。

例：Je _____ (se réveiller) tôt le matin.
   → Je ne me réveille pas tôt le matin.

1. Il _____ (se coucher) tôt le dimanche.
   →

2. Nous _____ (se lever) à 7 heures.
   →

3. Vous _____ (se promener) dans le parc.
   →

4. Le samedi, les parents _____ (se reposer).
   →

3 代名動詞の命令形

A 適切な肯定命令形を書き入れなさい。

	不定詞	2人称単数
1.	se baigner	
2.	se dépêcher	
3.	s'habiller	

	1人称複数	2人称複数
1.		
2.		
3.		

B 適切な否定命令形を書き入れなさい。

	不定詞	2人称単数
1.	se réveiller	
2.	se déshabiller	
3.	s'inquiéter	

	1人称複数	2人称複数
1.		
2.		
3.		

comprendre 理解する
j'
tu
il / elle
nous
vous
ils / elles

B 複合過去にして書き換えなさい。

Tous les matins, Élise met la radio, elle prend son petit déjeuner. Elle prépare du café mais elle ne met pas de sucre. Ensuite, elle regarde son portable, elle lit ses courriels et elle écrit à ses amis.

↓

Hier, Élise …

第11課

Dictée 書き取り

Tu as fini tes devoirs. Tu es sorti.
Elles ont visité la Belgique.
Elles sont revenues hier avec le TGV.
Ils n'ont pas fait le ménage. Ils ne sont pas sortis.
Ils se sont reposés. Ils ne se sont pas levés tôt ce matin.

2 複合過去（助動詞 avoir）

A 以下の動詞を複合過去で活用させなさい。

travailler 働く
j'
tu
il / elle
nous
vous
ils / elles

3 複合過去（助動詞 être）

A 以下の動詞を複合過去で活用させなさい。

venir 来る
je
tu
il / elle
nous
vous
ils / elles

naître 生まれる
je
tu
il / elle
nous
vous
ils / elles

B 括弧内の動詞を複合過去にしなさい。

1. Je _____ en 1990. (naître)
2. Tu _____ dans la rue. (tomber)
3. Il _____ en 1792. (mourir)
4. Elle _____ en bus. (arriver)
5. Nous _____ pour dîner. (sortir)
6. Vous _____ chez vous hier. (rester)
7. Ils _____ avec leurs enfants. (venir)
8. Elles _____ à 8 heures. (partir)

C 以下の動詞を複合過去で活用させなさい。

se promener 散歩する	
je	me suis promené(e)
tu	
il / elle	
nous	
vous	
ils / elles	

Point 3 複合過去の否定形

否定文にしなさい。

1. J'ai écrit à ma mère.
   → _____
2. Vous avez compris la leçon.
   → _____
3. Elles ont lu ce livre.
   → _____
4. Nous avons beaucoup mangé.
   → _____
5. Il a voulu venir.
   → _____
6. Élise s'est couchée tard.
   → _____
7. Nous nous sommes habillés rapidement.
   → _____

8. Ils se sont amusés.
   → _____
9. Tu t'es préparé.
   → _____
10. Vous vous êtes reposé hier.
    → _____

まとめの問題

複合過去にして書き換えなさい。

> Manon et Sophie se réveillent à 7 heures. Elles s'habillent et se maquillent. Elles prennent leur petit déjeuner. Quand elles arrivent au travail, elles voient leur chef. Elles restent au bureau jusqu'à 5 heures. Après, elles font des courses et dînent chez elles. Elles se reposent. Elles ne se couchent pas trop tard.

↓

Hier, Manon et Sophie...

第12課

Dictée 書き取り

Avant, je travaillais, j'étais riche.
Tu avais des amis. Tu sortais avec eux.
Hier, il faisait beau, nous nous sommes réveillés à sept heures, nous avons fait une promenade.
Ma mère était malade, elle est restée à la maison.

Point 1 半過去

A 次の動詞を半過去に活用させなさい。

avoir
j'
tu
il / elle
nous
vous
ils / elles

être
j'
tu
il / elle
nous
vous
ils / elles

B _____ の後に半過去の語尾を入れ、括弧内にその動詞の不定詞を書きなさい。

1. Je lis _____ ( )
2. Ils dev _____ ( )
3. Vous rest _____ ( )
4. Tu écriv _____ ( )
5. Nous finiss _____ ( )
6. Elle cherch _____ ( )
7. Vous aim _____ ( )
8. Tu fais _____ ( )
9. Je voul _____ ( )
10. Nous nous amus _____ ( )

C 例に従って動詞を半過去に活用させて空欄を埋めなさい。

例：**Quand j'avais 7 ans,** je voulais être policier, mon frère voulait être joueur de foot.

Quand j'avais 7 ans,

1. je faisais du judo, mon frère _____ du karaté.
2. j'aimais les chats, mon frère _____ les chiens.
3. j'allais à l'école, mon frère _____ au collège.
4. je n'étudiais pas à la maison, mon frère _____ beaucoup.
5. j'habitais à la campagne, mes cousins _____ en ville.
6. ils partaient en vacances à la montagne, nous _____ en vacances à la mer.

Point 2 過去時制の使い分け

A ふさわしい方を□で囲みなさい。

1. [J'ai habité / j'habitais] dans un petit studio. Le mois dernier, [j'ai déménagé / je déménageais] dans un grand appartement.
2. Hier, [je suis allé / j'allais] au bistro, le repas [a été / était] très bon.
3. Il [a fait / faisait] froid. [J'ai fermé / Je fermais] la fenêtre.
4. Élise et René [ont discuté / discutaient] quand Éva [est entrée / entrait] dans la salle.
5. En 1980, [j'ai été / j'étais] étudiant à Paris quand [j'ai rencontré / je rencontrais] ma future femme.
6. Julie [a dormi / dormait] quand François [a apporté / apportait] des croissants.

B 次の文の括弧内の動詞を適切な過去時制にして書き入れなさい。

1. J' _____ (manger) dans un restaurant français hier.
   C' _____ (être) délicieux.
2. Hier, il _____ (faire) beau.
   Nous _____ (sortir).
3. Quand il _____ (être) au collège, il _____ (faire) du tennis.
4. Hier, nous _____ (regarder) un film au cinéma, quand mon téléphone portable _____ (sonner).

第13課

Dictée 書き取り
普通 ゆっくり

Ma nouvelle voisine ? Je la connais bien.
Mes amis ? Je leur parle souvent.
Ses examens, il les passe demain.
Tu téléphones souvent à ta mère ?
— Oui, je lui téléphone souvent.
Ma grand-mère, elle me faisait des gâteaux.

2 直接目的補語人称代名詞

A 空欄に直接目的補語人称代名詞を書き入れなさい。

1. Vous connaissez la Marseillaise ?
   — Oui, je _____ connais.
2. Est-ce que vous comprenez le russe ?
   — Non, je ne _____ comprends pas.
3. Tu connais la prof de français ?
   — Oui, je _____ connais.
4. Est-ce que tu connais les Beatles ?
   — Non, je ne _____ connais pas.
5. Est-ce qu'il achète le journal ?
   — Oui, il _____ achète.

B 代名詞に置き換える前の文として正しいものを選びなさい。

例：Il la regarde.
   ☐ Il regarde Pierre.   ☐ Il regarde Sophie.

1. Je les cherche.
   ☐ Je cherche la sortie.   ☐ Je cherche mes clés.
2. Je l'attends.
   ☐ J'attends le bus.   ☐ J'attends les invités.
3. Je l'explique.
   ☐ J'explique la situation.
   ☐ J'explique mes problèmes.
4. Elle l'écoute.
   ☐ Elle écoute sa mère.   ☐ Elle écoute son père.

3 間接目的補語人称代名詞

A 例にならって、空欄を埋めなさい。

例：Est-ce que tu écris souvent à tes parents ?
   — Oui, je leur écris souvent.
   — Non, je ne leur écris pas souvent.

1. ton frère (m) :
   Est-ce que tu écris souvent à ton frère ?
   — Oui, je _____
   — Non, je _____
2. votre sœur (f) :
   Est-ce que vous écrivez souvent à votre sœur ?
   — Oui, je _____
   — Non, je _____
3. tes grands-parents (p) :
   Tu écris souvent à tes grands-parents ?
   — Oui, je _____
   — Non, je _____

直接・間接目的補語人称代名詞

A 括弧の中から答えとして正しい方を選びなさい。

1. Tu la regardes ?   (la télévision / le film)
2. Tu lui téléphones ? (à René / à tes parents)
3. Tu les achètes ?   (le journal / les livres)
4. Tu leur parles ?   (à Élise / à tes amis)
5. Tu le prends ?   (la voiture / le vélo)
6. Tu l'achètes ?   (les magazines / le journal)
7. Tu lui écris ?   (à ta mère / à tes amis)
8. Tu le fais ?   (la cuisine / le ménage)

B 目的補語人称代名詞 le, la, l', les, lui, leur のうち正しいものを空欄に書き入れなさい。（複数回答可）

1. Je _____ parle.
2. Il _____ voit souvent.
3. Nous _____ écrivons une lettre.
4. Tu _____ écoutes.
5. Tu _____ parles.
6. Vous _____ aimez.
7. Elle _____ invite au restaurant.
8. Je _____ comprends.

C 下線部をふさわしい目的補語人称代名詞に置き換えて書き直しなさい。

例：René écrit à ses parents.
   → René leur écrit.

1. Élise choisit le menu du jour.
   → _____
2. René écrit à ses parents.
   → _____
3. Vous regardez les enfants.
   → _____
4. Il oublie son passeport.
   → _____
5. Je parle à mes amis.
   → _____

次のページへつづく

6. Tu appelles ta mère.
   → _____

7. Le chat observe le poisson rouge.
   → _____

8. Il cherche l'adresse de Jean.
   → _____

9. Vous regardez les enfants.
   → _____

10. Tu prends ta voiture.
    → _____

第14課

Dictée 書き取り

Elle a un ami qui habite à Paris et qui étudie la littérature.
Vous regardez un film que vous aimez beaucoup.
Je ne trouve pas le livre que je cherche.
C'est la maison où elle est née.

Point 1 関係代名詞 qui

A 例にならって、次の文を関係代名詞を使わずに2つに分解しなさい。

例：Je lis un livre qui est facile.
　　→ Je lis un livre. Ce livre est facile.

1. C'est une école qui a 300 élèves.
   → _____

2. Vous regardez les enfants qui jouent.
   → _____

3. Prends le portable qui est sur la table.
   → _____

4. J'achète un billet qui ne coûte pas cher.
   → _____

B 絵を見ながら関係代名詞 qui を使って作文しなさい。

例：une femme / marcher avec son chien
　　→ Il y a une femme qui marche avec son chien.

1. un bus / s'arrêter
   → Il y a _____

2. un enfant / traverser la rue
   → _____

3. un couple / sortir du métro
   → _____

4. des arbres / être verts
   → _____

5. des gens / monter dans le bus
   → _____

6. un bus / partir
   → _____

7. des gens / parler devant le kiosque
   → _____

8. un chien / se promener
   → _____

Point 2 関係代名詞 que

A 例にならってフランス語の文を書き、日本語に訳しなさい。

例：la matière / l'économie
　　→ La matière que je préfère, c'est l'économie.
　　→ 一番好きな科目は、経済学です。

1. la langue / le français
   → _____
   → _____

2. la ville / Kyoto
   → _____
   → _____

3. le fromage / le camembert
   → _____
   → _____

4. la saison / le printemps
   → _____
   → _____

B 例にならって、次の文を関係代名詞を使わずに2つに分解しなさい。

例：Élise connaît le livre que René lit.
   → René lit un livre. Élise connaît ce livre.
   L'exercice que je fais est facile.
   → L'exercice est facile. Je fais cet exercice.

1. Pierre n'aime pas les musiciens que Claire adore.
   → _____

2. C'est un quartier que je connais bien.
   → _____

3. Le film qu'elle regarde est très intéressant.
   → _____

4. La jupe que Catherine choisit est belle.
   → _____

C 関係代名詞 qui または que (qu') のうち正しい方を空欄に入れなさい。

Dans mon quartier, il y a :

1. un voisin _____ est musicien.
2. un boulanger _____ fait du très bon pain.
3. une concierge _____ vient du Portugal.
4. un café _____ on aime beaucoup.
5. une Japonaise _____ je rencontre souvent.
6. une rue _____ je traverse tous les matins.
7. un médecin _____ habite à côté du parc.

Point 3 関係代名詞 où

A 例にならって、場所や時を示す要素に下線を引きなさい。そして1つの文にしなさい。

例：René habite dans un quartier. Il y a des bistros sympas dans ce quartier.
   → René habite dans un quartier où il y a des bistros sympas.

1. Il vit dans une ville. Il y a beaucoup de monuments historiques dans cette ville.
   → _____

2. On se promène dans un parc. Les enfants aiment venir dans ce parc.
   → _____

3. Elle étudie dans une bibliothèque. Il y a des livres anciens dans cette bibliothèque.
   → _____

4. C'est un restaurant. Les desserts sont délicieux dans ce restaurant.
   → _____

5. Le printemps est une saison. Les enfants et les étudiants japonais commencent l'école à cette saison.
   → _____

6. C'est un moment important. Les gens portent des kimonos pour ce moment important.
   → _____

B 空欄に qui / que / où のいずれかを入れなさい。

1. Élise connaît un magasin
   _____ il y a beaucoup de clients.
   _____ les gens aiment bien.
   _____ est à la sortie du métro.

2. Elle ne veut pas travailler dans une entreprise
   _____ est loin de chez elle.
   _____ les gens sont mal payés.
   _____ les gens ne connaissent pas.

3. C'est un bistro
   _____ fait une excellente cuisine.
   _____ les parents d'Élise vont parfois.
   _____ le guide Michelin recommande.

第15課

Dictée 書き取り

Demain, nous irons chez le médecin.
Quand je serai grand, je serai comédien.
Dans dix ans, nous ferons le tour du monde.
Je voudrais un café.
Vous devriez travailler beaucoup.
Si nous avions une voiture, nous pourrions habiter à la campagne.

単純未来

A 以下は新年の抱負（Mes résolutions pour cette année）のリストである。リストをもとに、単純未来を使い、1人称単数を主語として文章の形で書き直しなさい。

> Mes résolutions pour cette nouvelle année !
> 1. Faire la cuisine.
> 2. Apprendre le chinois.
> 3. Réviser mes cours chaque jour.
> 4. Aller faire du tennis deux fois par semaine.
> 5. Lire 100 livres.

1. Je
2.
3.
4.
5.

B OBSERVER（104ページ）の「学生十箇条」にならって、「理想の夫・妻十箇条」を単純未来を使って書きなさい。

「理想の夫・妻十箇条」

> Les dix commandements **du mari ou de la femme idéale ...**
> 1.
> 2.
> 3.
> 4.
> 5.
> 6.
> 7.
> 8.
> 9.
> 10.

C 将来のあなたについて、単純未来で書きなさい。

1. L'année prochaine,
   →
2. Dans 10 ans,
   →
3. Quand je serai à la retraite,
   →

近接未来と単純未来

例にならって、動詞を1人称単数の近接未来と単純未来に活用させなさい。

例：travailler	→	je vais travailler
	→	je travaillerai
1. dormir	→	
	→	
2. faire	→	
	→	
3. sortir	→	
	→	
4. rester	→	
	→	
5. étudier	→	
	→	
6. aller	→	
	→	

条件文と単純未来

括弧内の動詞を直説法現在もしくは直説法単純未来にして書きなさい。

1. Si tu (venir) _____, on (aller) _____ au bistro.
2. Si vous (aller) _____ en France, vous (pouvoir) _____ visiter Le Louvre.
3. Si j'(avoir) _____ le temps, je (regarder) _____ un film.
4. S'il (faire) _____ beau, on (faire) _____ un pique-nique.
5. Quand tu (être) _____ grand, tu (comprendre) _____.
6. Quand Pierre (arriver) _____, nous (partir) _____.

Point 2 条件法現在

A 括弧内の動詞を条件法現在にして入れ、文の意味を考えなさい。

1. Si je n'avais pas de cours, je _____ des courses. (faire)
2. S'il pouvait, il _____ deux mois de vacances. (prendre)
3. Si tu comprenais le chinois et l'anglais, tu _____ du travail. (trouver)
4. Si vous aviez le temps, vous _____ voyager à l'étranger. (pouvoir)
5. Si j'habitais en France, je _____ plus libre. (se sentir)

B 条件法現在を使って丁寧な言い方にしなさい。

例：Pourquoi tu veux changer de travail ?
→ Pourquoi tu voudrais changer de travail ?

1. Je veux un café.
   → _____
2. Vous pouvez m'aider ?
   → _____
3. Nous voulons une table pour quatre personnes.
   → _____
4. Tu peux me dire quand tu es libre ?
   → _____

5. Qu'est-ce que vous voulez faire ?
   → _____

C 次のリストの1から6の文の括弧内の動詞を条件法現在に書き換えなさい。

> Si je gagnais dix millions d'euros au Loto …
> もし宝くじで1000万ユーロがあたったら …
>
> 1. J'(arrêter) _____ de travailler.
> 2. Je (déménager) _____.
> 3. Je (faire) _____ le tour du monde.
> 4. J'(acheter) _____ une nouvelle maison.
> 5. Je (donner) _____ des cadeaux à tous mes amis.
> 6. Je (changer) _____ de vie.

第16課

Dictée 書き取り

 普通 ゆっくり

Tu as des amis français ? — Oui, j'en ai.

Vous avez une cigarette ? — Non, je n'en ai pas, je ne fume pas.

Je prends du café, tu en prends ? — Oui, j'en prends.

Tu vas à la banque ? — Oui, j'y vais.

Il aime cet appartement, il y habite depuis 10 ans.

Point 1 中性代名詞 en

A 例にならって、空欄を埋めなさい。

例：Il a combien d'enfants ? (trois) → Il en a trois.

1. Vous avez combien de cousins ? (beaucoup)
   → J'_____
2. Elle a combien de frères et sœurs ? (deux)
   → Elle _____
3. Tu as combien d'ordinateurs ? (un)
   → J'_____
4. Vous avez combien de télévisions ? (une)
   → Nous _____

B 1つ目の文の目的補語に下線を引き、2つ目の文で en に置き換えて文を完成させなさい。

例：Tu bois du café ?　— Oui, j'**en** bois souvent.

1. Tu veux de la soupe ?
   — Oui, _____ bien, merci !
2. Au Japon, on mange du riz ?
   — Oui, on _____ beaucoup.
3. Je n'ai pas de frères et sœurs.
   — Moi non plus, je _____
4. Elle parle de son travail ?
   — Oui, elle _____ parle.
5. Tu as besoin de ton dictionnaire ?
   — Oui, j' _____ ai besoin.

Point 2　中性代名詞 y

A 例にならって、文を書き換えなさい。

例：Je vais souvent au cinéma.　→　J'y vais souvent.

1. Tu vas souvent à la piscine.
   → _____
2. Il va souvent à Tokyo.
   → _____
3. Elle va souvent chez le dentiste.
   → _____
4. Nous allons souvent en France.
   → _____

B 1つ目の文の目的補語や場所を示す表現に下線を引き、2つ目の文で y に置き換えて文を完成させなさい。

例：Tu vas au cinéma ce soir ?　— Oui, j'**y** vais.

1. Tu travailles dans ce restaurant ?
   — Oui, j' _____ tous les jours.
2. Vous allez souvent en France ?
   — Non, je _____ souvent.
3. Tu habites à Marseille ?
   — Oui, j' _____ avec mes parents.
4. J'aimerais bien aller en Provence.
   — Moi aussi, j'aimerais bien _____ !
5. Tu penses à ton travail ?
   — Oui, j' _____ .

第17課

Dictée　書き取り

J'ai déménagé. Il faut que tu viennes voir mon nouvel appartement.
Il faut qu'il soit à l'heure.
Il faut que tu finisses ton repas.
Elle est contente que ses amis soient là.
Je pars en vacances, il faut que je fasse ma valise.

Point 1　接続法現在

A il faut que ... を使ってアドバイスを書き換えなさい。

1. Pour réussir vos examens ...　試験に受かるためには ...
   - Révisez vos cours.
     → _____
   - Posez des questions à votre professeur.
     → _____
   - Lisez des livres sur le sujet.
     → _____
2. Pour oublier une mauvaise journée ...
   嫌な一日を忘れるためには ...
   - Sortez avec des amis.
     → _____
   - Faites la cuisine.
     → _____
   - Allez voir un bon film.
     → _____
3. Pour être en bonne santé ...　健康でいるためには ...
   - Mangez équilibré.
     → _____
   - Pratiquez un sport régulièrement.
     → _____
   - Prenez les choses du bon côté.
     → _____

B 義務を表す「devoir + 不定詞」で書かれた疑問文に対し、「il faut que + 接続法現在」を使って答えなさい。

例：Tu dois partir maintenant ?
→ Oui, il faut que je parte maintenant.
君は今出発しなければいけないの？
→ うん、僕は今出発しなければならない。

1. Tu dois aller à la banque aujourd'hui ?
 → _____
2. Je dois écrire à la mairie ?
 → _____
3. Ils doivent finir leurs devoirs pour demain ?
 → _____
4. Vous devez être à onze heures à l'aéroport ?
 → _____
5. On doit faire attention dans ce pays ?
 → _____

Point 2 接続法現在の用法

A 括弧内の動詞を接続法現在にして入れ、文の意味を考えなさい。

1. C'est dommage que tu ne _____ (venir) pas à mon anniversaire.
2. C'est important que vous _____ (avoir) vos papiers.
3. Les parents veulent que leurs enfants _____ (faire) plus d'efforts.
4. Les étudiants ont peur que l'examen _____ (être) difficile.
5. Je suis triste qu'il _____ (partir) maintenant.
6. Claire est contente que Pierre _____ (sortir) avec elle.
7. Je suis triste que tu ne _____ (dire) pas la vérité.
8. Bien que ce _____ (être) cher, je rentre en taxi.

B 以下はフランス語を上達させるためのアドバイスである。括弧内の動詞を接続法現在で活用し、それぞれのアドバイスを日本語に訳しなさい。

Comment pouvez-vous faire des progrès en français ?
→ Niveau débutant
Il faut que vous _____ (apprendre) le vocabulaire.
Il faut que vous _____ (répéter) la prononciation plusieurs fois.
Il faut que vous _____ (comprendre) la grammaire et que vous _____ (faire) des exercices.
→ Niveau intermédiaire et avancé
Il faut que vous _____ (lire) beaucoup de livres en français.
Il est important que vous _____ (aller) en France.
Vous pouvez aussi regarder la télévision et écouter la radio sur internet : c'est gratuit !*

＊第4課の「フランスの窓」参照。

↓

日本語訳：

この教科書を作成した3名はそれぞれ異なった背景をもちつつフランス語教育に携わっています。フランスのリール出身のブルノ・バニュウは、フランス語のネイティヴとして日本国内の大学でフランス語および異文化コミュニケーション教育に25年携わり、神戸大学在任中にはベストティーチャー賞を6度受賞、今は教授法トレーニングと著作業に専念しています。亀谷百合佳は、幼少時よりフランスに住み、家庭では日本語を使いながら、教育は幼稚園から大学まですべてフランス語で教育を受け、現在は同志社大学でフランス語を教えています。伊藤玄吾は、日本で大学に入ってから初めてフランス語を学び始め、その後フランスの言語と文化を研究し、現在同志社大学で教壇に立っています。家庭ではフランス語を母語としないパートナーとフランス語で生活をしています。

私たち3人の共通の関心は、文法つまり文を成り立たせるメカニズムの理解を、いかに実際の生き生きとしたフランス語の理解へとつなげていくかということにあります。そのために多くの話し合いを重ね、文法規則を一方的に提示するのではなく、その説明においてできるだけ学習者自身の観察や気づきを促すような工夫をしました。また、知識が実践的なものとなるようにたくさんの練習問題を設け、その内容にも様々な工夫を凝らしました。

文法はとても大切ですが、文法そのものが目的なのではなく、文法の知識を活用してフランス語を理解し、表現できるようになってもらいたい、というのが著者3人の共通の願いです。

アクティブに学ぶフランス語文法

2019年11月1日　初　版　第1刷発行
2024年8月15日　第2版　第4刷発行

著者	伊藤玄吾、亀谷百合佳、Bruno Vannieu
表紙デザイン	Eric Vannieu
DTP・グラフィックデザイン	Akemi Kamine-Belec (k&.design)
編集・イラスト	長野まり子
アイコン	Tilda Publishing (https://tilda.cc)
発行所	株式会社アルマ出版　Alma Éditeur
	京都市上京区甲斐守町97
	Tel：075-203-4606 / Fax：075-320-1721
	Email：info@almalang.com

©2019 株式会社アルマ出版
ISBN 978-4-905343-26-4　　　　　　　　Printed in Japan

* 乱丁・落丁はおとりかえいたします。

* 本書の一部または全部について、個人で使用する他は、著者及び株式会社アルマ出版の承諾を得ずに無断で複写（コピー）・複製・転載することは著作権法上禁じられております。

お問い合わせ

アルマ出版　Alma Éditeur

Email：　info@almalang.com
Tel：　　075-203-4606
Site：　　almalang.com